Français • 2e cycle

Signet

Livre C

Françoise Dulude

ÉDITIONS DU RENOUVEAU PÉDAGOGIQUE INC.

5757, RUE CYPIHOT
SAINT-LAURENT (QUÉBEC)
H4S 1R3

TÉLÉPHONE : (514) 334-2690
TÉLÉCOPIEUR : (514) 334-4720
COURRIEL : erpidlm@erpi.com

Éditrice
Suzanne Berthiaume

Chargée de projet
Christiane Gauthier

Révision linguistique
Sylvie Massariol

Rédaction
Raymonde Lebel : p. 153-154, 227-228

Sélection de textes et recherche bibliographique
Jacques Sénéchal

Correction d'épreuves
Odile Dallaserra

Recherche iconographique et demande de droits
Pierre Richard Bernier

Couverture
ERPI
Illustration : Steve Adams

Conception graphique et édition électronique
ERPI

Dépôt légal : 1er trimestre 2001
Bibliothèque nationale du Québec
Bibliothèque nationale du Canada

IMPRIMÉ AU CANADA   34567890 II 0543
ISBN 2-7613-1171-X   10413 BCD OP12

Table des matières

Mot de l'auteure

Bonjour !

Bienvenue encore une fois dans un univers tout en surprises, l'univers des mots et des idées ! Car c'est bien ce que te propose la collection *Signet* : une aventure dans un univers fascinant. En effet, grâce aux mots, tu peux créer des personnages, inventer des histoires, partager tes connaissances, créer des images originales.

Ton nouveau manuel *Signet* te fera découvrir des personnages surprenants : des êtres aussi petits qu'une souris et d'autres qui peuplent l'imagination des enfants et des adultes depuis des siècles. Et puis, sais-tu comment vivent les enfants japonais ? Connais-tu Charlot ? Saurais-tu organiser une fête pour tes camarades de classe ? En réalisant les projets de *Signet,* tu apprendras tout cela et plus encore. Tu apprendras à diffuser un bulletin de nouvelles, à composer des poèmes en jouant avec les mots, à faire un album documentaire que les élèves de ton école pourront consulter à la bibliothèque, etc.

Les mots sont à ton service. Ils te permettent d'exprimer tes idées, les plus farfelues comme les plus sérieuses. Mais à une condition : que tu respectes les règles qui les gouvernent. Sinon, personne ne pourra comprendre tes idées. Ce serait bien dommage ! Ton manuel *Signet* t'apprendra ces règles et t'aidera à les appliquer chaque fois que tu écris.

Tu veux en savoir davantage sur les surprises que te réserve ton manuel *Signet* ? Prends quelques minutes pour le feuilleter. Bonne lecture !

J'espère que tu passeras de bons moments à réaliser tous les projets !

Voici la signification de quelques pictogrammes utilisés dans ton manuel :

 annonce des stratégies pour bien lire et écrire.

 annonce des activités pour mieux exprimer tes idées lorsque tu discutes avec tes camarades.

 annonce un contenu grammatical théorique.

 t'invite à poser une question ou à répondre à une question dans le but d'apprendre à résoudre des problèmes.

 t'invite à consulter les suggestions de lectures en lien avec le projet.

Je te souhaite beaucoup de plaisir et des découvertes fascinantes avec *Signet*. Je te souhaite aussi d'aimer lire et écrire passionnément !

Françoise

- Les pictogrammes qui figurent sur la page de présentation des projets renvoient aux trois phases de la démarche d'apprentissage.

 La préparation. L'élève explore le thème du projet.

 La réalisation. L'élève fait les activités qui mènent à la réalisation du projet.

 La synthèse. L'élève arrive au terme du projet : il ou elle présente son travail et fait son bilan.

- Quand le manuel indique à l'élève d'utiliser son cahier, il s'agit de n'importe quel cahier (brouillon, à spirale) ou de feuilles mobiles.

Projet 1

Le monde des minuscules

Tout le monde le sait : les lutins et les gnomes n'existent pas. Par contre, ils sont bien vivants dans les livres... et dans notre tête ! Dans ce projet, tu auras le plaisir de plonger dans l'univers des êtres minuscules.

Le but du projet

En équipe, tu vas réaliser un album portant sur l'histoire d'un personnage minuscule. Ensuite, tu présenteras ton album à des élèves du premier cycle.

Les étapes du projet

1. Tu vas explorer comment on se sent quand on est minuscule.

 2. Par la magie de la lecture, tu vas pénétrer dans l'univers de personnages tout petits.

3. Tu vas faire la connaissance de quelques personnages minuscules sortis de l'imagination des auteurs.

4. Tu vas inventer une histoire dont le personnage principal sera un être extrêmement petit.

5. Tu raconteras ton histoire à des élèves du premier cycle. Ensuite, tu feras le bilan de ton projet.

Tu vas apprendre à :

- préciser ce que tu ressens, puis à en parler ;
- comprendre des textes longs ;
- travailler en coopération ;
- améliorer ton texte en t'inspirant de ce que tu as lu ;
- vérifier si une phrase est bien structurée ;
- vérifier les accords dans le groupe du nom ;
- communiquer efficacement.

1

Dans la peau de quelqu'un d'autre

Tu vas :

Préciser ce que
tu ressens,
puis en parler

As-tu déjà pensé qu'on ne voit pas la vie de la même façon quand on mesure à peine quelques centimètres ? C'est ce que tu vas découvrir au cours de ce projet.

1. Aimerais-tu redevenir tout petit ou toute petite parfois ? T'arrive-t-il de te sentir petit ou petite ? Lis les témoignages de trois enfants.

> « Parfois, j'aimerais redevenir toute petite, comme quand j'étais bébé. Je serais protégée par mes parents. Je n'aurais plus peur. » Carolina

> « Moi, quand on me demande de faire des tâches, j'aimerais avoir un an ! » Benoit

> « Il y a des personnes qui parlent très fort ou qui ont toujours quelque chose à me reprocher. À côté d'elles, je me sens bien petit. » Miguel

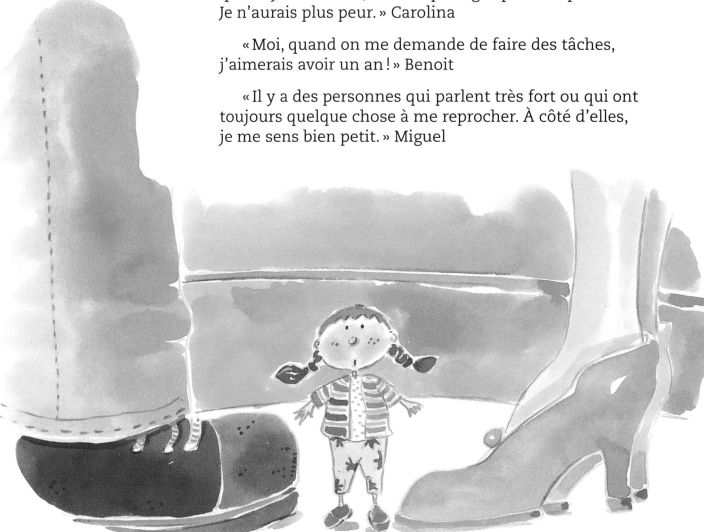

2. Place-toi en équipe avec des élèves que tu connais bien.

a) Ensemble, lisez les conseils suivants.

- Exprime clairement ce que tu ressens et ce que tu penses.
- Pour faciliter la communication dans l'équipe :
  - pose des questions à tes camarades afin de mieux comprendre leurs idées ;
  - montre-leur que tu comprends bien ce qu'ils ont dit ;
  - compare leur expérience à la tienne.

b) Discutez maintenant des témoignages des trois enfants.

- Quel témoignage te touche le plus ? Explique ce que tu ressens.
- T'arrive-t-il de te sentir petit ou petite ?

  3. À la fin de la discussion, en équipe, pose-toi les questions suivantes.

- As-tu réussi à exprimer ce que tu ressens et ce que tu penses ?
- Penses-tu que tes camarades ont compris ce que tu voulais exprimer ?

 4. Connais-tu des personnages très, très petits ? Pense à des livres, à des histoires ou à des films que tu connais.

 Quel est le mammifère le plus petit au monde ? Et le plus gros ? Combien le bébé ourson mesure-t-il à la naissance ?

Utilise la boîte aux questions pour répondre à une question qui t'intéresse ou encore pour en poser une. Suis ensuite la démarche qui est présentée sur la fiche qu'on te remettra. Range la réponse que tu as trouvée dans ton portfolio.

 Quel livre t'attire le plus dans les suggestions de lectures, à la page 244 de ton manuel ? Explique pourquoi. Sers-toi de la fiche *Un titre en mémoire* pour écrire une nouvelle page de ton carnet de lectures.

La magie des livres

Tu vas :

Comprendre
des textes longs

Que feraient les gens autour de toi si, tout à coup, tu avais la taille d'une souris ? C'est ce qui est arrivé à monsieur Bloume et à ses deux enfants lorsqu'un lutin est entré dans leur vie.

 Discute de tes habitudes de lecture avec les membres de ton équipe.
- Combien de livres as-tu lus au cours du dernier mois ? Lesquels ?
- Quand préfères-tu lire ? Où et comment t'installes-tu ?
- Quel genre de livres préfères-tu ? Où prends-tu tes livres ?
- Que fais-tu lorsque tu aimes un livre ? Et quand tu ne l'aimes pas ?
- Avec qui parles-tu de tes lectures ?
- Trouves-tu cela difficile de lire un livre au complet ?

2. À partir de la discussion que tu viens d'avoir, écris quelques lignes dans ton journal de bord sur tes habitudes de lecture.

3. Tu vas lire un extrait du roman intitulé *Monsieur Ouiplala*.

C'est l'histoire de monsieur Bloume et de ses deux enfants, Jean et Nella-Della.

Un jour, ils découvrent qu'un lutin, un Ouiplala, vit chez eux. Il a le pouvoir d'ensorceler les gens. Malheureusement, il n'est pas très habile ! Ainsi, il a transformé monsieur Bloume, Jean et Nella-Della en personnages minuscules. Il voulait les aider à se sortir d'une situation embarrassante. Mais il est incapable de leur redonner leur taille normale !

a) Quels sont les personnages de cette histoire ?

b) À ton avis, dans quelles circonstances sont-ils devenus minuscules ?

 Observe l'illustration, puis lis le début de l'extrait.

Monsieur Ouiplala

Nella-Della leva le doigt et cria : — Chut... écoutez ! J'entends quelque chose !

[...]

— J'entends une clef dans la serrure de la porte d'entrée, dit Jean. Qui cela peut-il être ?

— Oh, ça doit être madame Poussière. C'est vendredi aujourd'hui : madame Poussière vient faire le ménage et elle a la clef.

— Cachons-nous !... cria monsieur Bloume effrayé. Qu'elle ne nous trouve pas. Cachons-nous vite !...

5. Arrête ta lecture quelques minutes. À ton avis, les personnages sont-ils dans une situation embarrassante ? Que va-t-il leur arriver ?

6. Poursuis ta lecture et vérifie si tes prédictions sont justes.

Nella-Della regarda hâtivement autour d'elle pour trouver une cachette quelconque qui ne risquât pas d'être visitée par l'aspirateur de madame Poussière.

Ils l'entendirent marcher dans le couloir. Maintenant elle était arrêtée, elle accrochait son manteau au porte-manteau. Elle chantait...

— Dans le sac, vite! cria Nella-Della, dans le sac à provisions!

Ils aidèrent rapidement monsieur Bloume à descendre de la table et, en un clin d'œil, ils se retrouvèrent, tous les quatre, dans le sac à provisions, qui était suspendu au mur.

Juste à temps, car la porte s'ouvrait et madame Poussière entra. Elle jeta autour d'elle un regard étonné et dit :

[...]

— Quel désordre! [...] Tout est par terre: le pain, le fromage et, regardez-moi ça: la cuisinière de poupée est allumée!

[...]

— Eh bien, je vais vite mettre de l'ordre par ici, dit madame Poussière, et elle posa le pain et le fromage sur le buffet.

Jean et Nella-Della, à l'intérieur du sac à provisions, s'interrogeaient à voix basse:

— Quel boulot de redescendre le pain! Ne vaudrait-il pas mieux se montrer?

— Non, chuchota monsieur Bloume, absolument pas! Il ne faut pas qu'elle nous trouve.

— Allons, dit madame Poussière à haute voix, il vaut mieux rapporter d'abord toutes ces bouteilles vides au laitier.

7. Arrête ta lecture pour faire le point.

a) En quelques phrases, dis ce que tu viens de lire.

b) Tes prédictions étaient-elles justes ?

c) Aimerais-tu te retrouver dans la même situation que Jean et Nella-Della ?

d) À ton avis, que va-t-il se passer dans la suite de l'histoire ?

e) As-tu de la difficulté à comprendre l'histoire ? Explique ce que tu trouves difficile et écoute les solutions de tes camarades.

8. Poursuis ta lecture afin de vérifier si tes hypothèses sont justes.

Elle attrapa le sac à provisions et, catastrophe ! elle sentit au poids qu'il y avait quelque chose dedans. Elle l'ouvrit pour regarder ce que c'était, poussa un cri et laissa tomber le sac.

— Aïe, aïe !... des cris lamentables s'élevaient. La chute avait été rude ! Jean pleurait, Nella-Della gémissait.

— Oh là là là... s'écria madame Poussière, sauve qui peut ! et elle attrapa la poignée de la porte pour s'enfuir.

— Madame Poussière! cria Nella-Della, madame Poussière! Revenez, n'ayez donc pas peur!

— Mais qu'est-ce qui se passe ici? gémit madame Poussière, ce sac est rempli de lutins... et ils parlent!

— Nous ne sommes pas des lutins, dit Jean, en sortant sa tête du sac. Regardez-nous bien; je suis Jean, voici Nella-Della et, regardez, voici notre papa!

Monsieur Bloume sortit sa tête à son tour, et fit avec dignité:

— Bonjour, madame Poussière.

— Mais voyons, vous êtes des lutins! Et celui-ci, qui est-ce? Madame Poussière désignait Ouiplala d'un doigt tremblant.

— Je vais vous expliquer, madame Poussière, dit Nella-Della, nous sommes ensorcelés.

— Ensortilégés est le mot exact, dit Ouiplala sévèrement.

— Bon, alors ensortilégés. Il appelle ça: ensortilégés, madame Poussière! Lui, c'est un Ouiplala, une espèce de lutin et il est venu habiter chez nous. Mais il y a quelques jours nous étions au restaurant et nous n'avions pas de quoi payer l'addition, alors il nous a transformés en tout petits bonshommes pour nous permettre de nous échapper; vous comprenez maintenant?

— Moi, je ne comprends qu'une chose: c'est une histoire de fous, cria madame Poussière indignée. Allez-vous rester petits jusqu'à la fin de vos jours à cause de ce... lutin?

— Peut-être, dit monsieur Bloume. Mais surtout ne le racontez à personne, chère madame Poussière. Les gens ne nous laisseraient sûrement pas tranquilles. Ils nous captureraient pour nous montrer contre de l'argent. Je vous en supplie, n'en parlez à personne.

— Oh, pour ça, soyez tranquilles, répliqua madame Poussière. Je serai muette comme une carpe. Ne t'en fais pas, mon petit bonhomme, oh, excusez-moi, monsieur Bloume, voilà que je vous appelle « petit bonhomme ». Il ne faut pas m'en vouloir, c'est que vous êtes si petit !

— Je ne vous en veux pas, dit monsieur Bloume, d'un ton un peu amer.

Extrait de Annie M.G. SCHMIDT, *Monsieur Ouiplala*, Paris, Fernand Nathan, 1968.

9. Te voilà à la fin de ta lecture.

a) Raconte ce que tu as lu en quelques mots.

b) Comment Jean, Nella-Della et monsieur Bloume sont-ils devenus minuscules ?

c) Pourquoi monsieur Bloume demande-t-il à madame Poussière de ne pas parler de cette histoire ?

d) Est-ce que la lecture de cet extrait t'a donné le goût de lire le roman au complet ? Explique ce que tu as aimé et ce que tu n'as pas aimé dans l'extrait que tu as lu.

10. Au cours de cette lecture, tu as suivi plusieurs étapes. Peux-tu te les rappeler ? As-tu aimé lire l'histoire de cette façon ?

11. La stratégie suivante peut t'aider à lire des textes ou des romans que tu trouves longs ou difficiles à comprendre.

Pour comprendre des textes longs

1° Je fais des prédictions sur la suite de l'histoire.

2° Je lis un passage du texte pour vérifier mes prédictions.
- Je résume en quelques mots le passage que j'ai lu pour m'assurer de bien comprendre l'histoire.
- Je fais des liens entre l'histoire et ma vie.
- Je cherche des façons de régler mes problèmes de compréhension.

3° Je poursuis ma lecture en procédant de la même façon.

---

12. Dans ton carnet de lectures, note des passages du texte où l'auteure nous fait comprendre que les personnages sont très petits. Tu pourrais t'inspirer de ces passages quand tu écriras ton texte.

3 Lecture

Un monde en miniature

Tu vas :

Comprendre des textes longs

Il y a certainement des avantages à être minuscule. Mais y a-t-il seulement des avantages ? C'est ce que tu sauras en lisant les textes du recueil.

1. Tom Pouce, Chilly Billy, Mère Brimborion et Poucette sont des personnages minuscules. Leur histoire est racontée dans les textes du recueil (p. 121 à 136).

   a) Regarde les textes du recueil ; observe les titres et les illustrations.

   b) Choisis le récit qui t'attire le plus.

2. Rappelle-toi la stratégie de lecture que tu viens d'apprendre. Utilise-la pour lire le récit que tu as choisi.

3. Place-toi en équipe avec des élèves qui ont lu le même texte que toi.

   a) À tour de rôle, dites ce que vous avez compris de l'histoire.

   b) Trouvez une façon originale de présenter le récit que vous avez lu afin de donner à d'autres élèves le goût de le lire.

4. Forme une équipe avec des élèves qui ont lu d'autres textes que toi.

   a) À tour de rôle, présentez le texte que vous avez lu. Les présentations vous donnent-elles le goût de lire ces histoires ?

   b) Quel texte aimerais-tu lire ? Explique ton choix.

5. Dans ton carnet de lectures, note trois passages qui montrent que le ou les personnages sont des êtres très petits. Tu pourrais t'inspirer de ces passages pour écrire ton propre texte.

6. Est-ce que l'activité de lecture que tu viens de faire t'a permis de mieux comprendre le texte ? Dans ton journal de bord, écris ce que tu retiens de cette activité.

4 Écriture

De grands albums pour les petits

Avant de lire des romans, tu as certainement feuilleté des albums illustrés. C'est à ton tour maintenant d'offrir cette chance à des élèves qui font leurs premiers pas dans l'univers des livres.

Tu vas :

Travailler en coopération

Améliorer ton texte en t'inspirant de ce que tu as lu

Planification

1. Avec tes camarades, discute de ce que tu sais sur les albums pour enfants.

- Quelle est la différence entre un roman et un conte ?
- Quelle est la différence entre un album de contes et un album de bande dessinée ?

2. Tu vas maintenant faire un album avec ton équipe. Voici les consignes à suivre :

- le personnage principal doit être extrêmement petit ;
- les illustrations doivent occuper une place aussi importante que le texte ;
- l'album doit être conçu pour des élèves du premier cycle.

3. Forme une équipe avec deux autres élèves. Ensemble, choisissez votre rôle dans l'équipe et lisez le tableau suivant pour connaître les tâches à faire.

Attention ! Chaque tâche se fait en collaboration avec les autres membres de l'équipe.

Éditeur ou éditrice	Rédacteur ou rédactrice en chef	Graphiste
• Animer les discussions pour décider du sujet de l'histoire. • Décider du contenu de chaque page de l'album. • Lire le texte au complet et regarder les illustrations ; vérifier si les deux vont bien ensemble. • S'assurer que l'album est prêt à temps.	• Préciser les idées de chaque partie du texte. • Demander à chaque membre de l'équipe d'écrire une partie du texte. • Lire tout le texte pour vérifier s'il est clair et pour l'améliorer, au besoin. • Relire le texte et le corriger.	• Décider de l'illustration de chaque page. • Demander aux autres membres de l'équipe de faire des illustrations. • Vérifier si les illustrations vont bien avec le texte. • Faire la mise en pages.

4. Avec l'éditeur ou l'éditrice, trouvez des idées pour votre histoire.
- Quel sera le personnage principal ? À quoi ressemblera-t-il ?
- Y aura-t-il d'autres personnages ? Si oui, quel sera leur rôle ?
- Où et quand l'histoire se passera-t-elle ?
- Quel sera le problème du personnage principal ?
- Comment résoudra-t-il son problème ?
- Comment l'histoire finira-t-elle ?

5. Avec le ou la graphiste, planifiez la mise en pages de l'album.
- Comment le texte sera-t-il réparti sur chaque page ?
- Combien y aura-t-il d'illustrations ? de pages ?

Rédaction

1. Avec le rédacteur ou la rédactrice en chef, décidez ce que vous écrirez sur chaque page et qui rédigera chaque page de l'album.

2. Rédige maintenant la partie du texte qui t'a été confiée.
   - Laisse assez d'espace entre chaque ligne pour pouvoir retravailler ton texte.
   - Si tu doutes de l'orthographe d'un mot ou de la construction d'une phrase, mets un « X » ou un « ? » au-dessus.

Révision et correction

1. Lis le passage que tu viens de rédiger. Vérifie si ton texte est clair et s'il contient tout ce qui avait été décidé en équipe.

2. Avec le rédacteur ou la rédactrice en chef, relisez le texte au complet. Vérifiez si les événements s'enchaînent bien.

3. Toujours avec le rédacteur ou la rédactrice en chef, choisissez quelques phrases à améliorer. Inspirez-vous des passages que vous avez notés dans votre carnet de lectures.

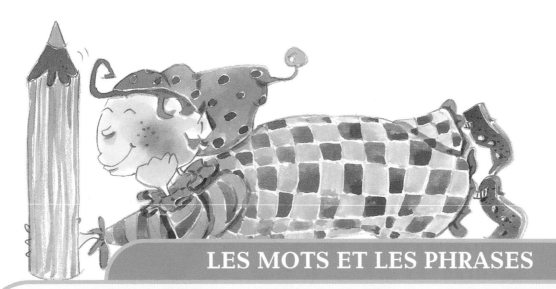

LES MOTS ET LES PHRASES

Syntaxe

Utilise ton cahier au besoin.

Tu vas :

Vérifier si une phrase est bien structurée

1. Voici des suites de mots ; une seule suite de mots forme une phrase. Qu'est-ce qui te fait dire qu'une suite de mots est une phrase ?

   A Une tasse de nuages photographie Tom Pouce.

   B Une dame aussi petite qu'un haricot s'est glissée dans un sac.

   C Dans Bloume sa s'est retrouvé le monsieur famille à sac et provisions.

   D se retrouva près des tasses à café Mère Brimborion arrivée au magasin.

   E Parce qu'elle était trop petite.

2. En équipe, trouvez trois critères qui vous permettent de dire qu'une phrase est bien structurée. Trouvez une formulation claire et précise.

3. En classe, discutez des critères que vous avez trouvés. Décidez des critères que vous utiliserez pour vérifier si les phrases sont bien structurées.

4. Compare les critères que la classe a retenus à ceux qui suivent. Pour qu'une suite de mots forme une phrase, il faut :
   • que la suite de mots ait un sens ;
   • que les mots soient bien ordonnés ;
   • que la suite de mots forme un tout qui peut exister seul.

5. Retrouve les membres de ton équipe. Avec le rédacteur ou la rédactrice en chef, vérifiez la construction de chaque phrase de votre texte. Servez-vous des critères que vous avez trouvés.

Orthographe grammaticale

Tu vas :

Vérifier
les accords dans
le groupe du nom

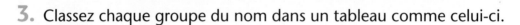

Utilise
ton cahier
au besoin.

1. Sais-tu reconnaître un groupe du nom ? Explique aux membres de ton équipe comment tu fais.

2. Ensemble, repérez et soulignez tous les groupes du nom de votre texte.

3. Classez chaque groupe du nom dans un tableau comme celui-ci.

Groupe du nom	Déterminant	Nom	Adjectif(s)
Deux petits lutins	Deux	lutins	petits

- Vérifiez si les mots sont bien accordés et corrigez-les au besoin.

- Reportez ces corrections dans votre texte.

4. Avec le rédacteur ou la rédactrice en chef, relisez chaque phrase de votre texte.
- Assurez-vous que chaque phrase commence par une majuscule et se termine par un point.
- Vérifiez si les verbes sont bien accordés et si les mots sont bien orthographiés.

5. Dans votre texte, repérez cinq mots que vous avez trouvés difficiles à orthographier.

Vérifiez leur orthographe dans votre liste orthographique ou dans un dictionnaire et transcrivez-les.

6. Avec l'éditeur ou l'éditrice, choisissez le titre de votre album.

7. Avec le ou la graphiste, décidez des illustrations de votre album. Partagez-vous le travail.

8. Il est maintenant temps de terminer votre album.
- Transcrivez votre histoire en soignant votre écriture.
- Avec le ou la graphiste, faites les illustrations.

Orthographe d'usage

4. Voici des adjectifs qui servent à exprimer la taille des personnes et des objets.

a) Pour t'aider à retenir l'orthographe de chaque adjectif, observe d'abord comment il s'écrit au féminin ; cela te donnera des indices sur l'orthographe du masculin.

Le féminin de l'adjectif	Le masculin de l'adjectif
petite	petit
longue	long
grande	grand
grosse	gros
courte	court
haute	haut
basse	bas

b) D'autres adjectifs s'écrivent de la même façon au masculin et au féminin. Observe leur orthographe.

Le féminin de l'adjectif	Le masculin de l'adjectif
énorme	énorme
immense	immense
minuscule	minuscule

c) Voici des mots de même famille pour quelques-uns de ces adjectifs. Observe les ressemblances et les différences entre les mots de chaque famille.

hauteur – haut

grandeur – grand – grandir

grosseur – gros – grossir

longueur – long – longtemps – allonger

énorme – énormément

d) Mémorise les mots que tu viens d'observer.

Le temps des cadeaux

Grâce à votre travail d'équipe, des élèves du premier cycle auront entre les mains un album conçu exprès pour eux. Cet album les convaincra sûrement du plaisir de lire et d'écrire !

 1. Votre album est terminé. Trouve maintenant des idées pour donner aux jeunes élèves le goût d'entendre votre histoire et de lire d'autres albums.

 2. En équipe, préparez la présentation de votre album.
- Parmi les idées trouvées, choisissez les plus convaincantes.
- Décidez de la présentation de votre album.
- Préparez quelques questions pour connaître la réaction des élèves.

 3. Exercez-vous à lire votre histoire lentement et en prononçant bien les mots.

 4. Faites votre présentation. N'oubliez pas de poser les questions que vous avez préparées.

 5. De retour en classe, discutez de la réaction des élèves à qui vous avez présenté votre histoire.

 6. Avec tes camarades de classe, fais le bilan de ce projet.
- As-tu essayé de modifier une de tes habitudes de lecture ? Si oui, laquelle ?
- As-tu aimé faire un album illustré ? le présenter à des élèves plus jeunes ?
- Aimes-tu travailler en équipe ? Qu'est-ce que tu trouves facile ? difficile ?

7. Fais ton bilan personnel dans ton journal de bord. Réponds aux questions de la fiche qu'on te remettra.

Projet 2

Les enfants d'ici et d'ailleurs

Septembre, chez nous, c'est le mois de la rentrée scolaire. Est-ce pareil dans tous les pays? Ailleurs dans le monde, les enfants vivent-ils de la même façon que toi? C'est ce que tu sauras à la fin de ce projet, grâce à tes recherches et à celles de tes camarades.

Le but du projet

Tu vas diffuser un bulletin de nouvelles sur les enfants d'ici et d'ailleurs.

Les étapes à suivre

1. D'abord, tu vas partager tes connaissances et tes questions sur la vie des enfants dans le monde.

2. Tu vas ensuite lire un texte pour en savoir davantage sur les écoliers et les écolières de ton pays.

3. Tu vas te renseigner sur la vie des enfants d'un autre pays.

4. À partir de ces informations, tu vas rédiger un bulletin de nouvelles.

5. Tu vas diffuser ton bulletin de nouvelles et faire le bilan de ton projet.

Tu vas apprendre à :

- formuler des questions;
- sélectionner des informations dans un texte;
- rédiger un texte en utilisant les informations sélectionnées;
- reconnaître les types de phrases et les ponctuer correctement;
- reconnaître les verbes et les accorder;
- communiquer efficacement.

Tout est dans la question

Est-ce que tous les enfants dans le monde vont à l'école ? Quel temps fait-il au Brésil, en France ou au Japon en septembre ? Si tu aimes poser des questions et trouver des réponses, tu adoreras ce projet !

1. Tu sais sûrement des choses sur les enfants de ton âge qui vivent ailleurs dans le monde. Tu connais peut-être des enfants qui habitent ici, mais qui sont nés dans un autre pays.

   • Partage tes connaissances avec tes camarades de classe.

   • Explique comment tu as appris ce que tu sais sur les enfants dans le monde.

2. Discute maintenant de ce que tu aimerais savoir sur la vie des enfants de ton âge.

   • Pour t'aider à bien formuler tes questions, observe le tableau qui suit.

Exemples	Construction
Est-ce que tous les enfants vont à l'école ?	La phrase commence par l'expression interrogative « **est-ce que** ».
Apprends-**tu** l'écriture japonaise ?	Le sujet est un **pronom** et il est placé après le verbe.
Les filles vont-**elles** à la même école que les garçons ?	Le sujet est un groupe du nom placé avant le verbe. Il est repris par un **pronom** après le verbe.
Pourquoi est-ce que tous les enfants vont à l'école ? Avec **qui** apprends-tu l'écriture japonaise ? Depuis **quand** les filles vont-elles à la même école que les garçons ?	Il y a un **mot interrogatif** au début de la phrase.

• Quand on parle, on utilise une intonation particulière lorsqu'on pose une question.

Lis à voix haute les deux phrases suivantes. Observe la différence dans ton intonation.

A Est-ce que tous les enfants ont des vacances d'été ?

B Tous les enfants ont des vacances d'été, mais l'été n'arrive pas en même temps partout sur la Terre.

- Quand on parle, on peut aussi poser une question en utilisant une phrase construite comme une phrase déclarative. Dans ce cas, c'est seulement l'intonation qui indique que c'est une question.

C   Tu aimerais correspondre avec un ami libanais?

3. Au cours de votre discussion en classe, vous vous êtes posé beaucoup de questions. Choisis maintenant deux ou trois questions qui t'intéressent. Inscris-les dans ton journal de bord. Au cours du projet, tu répondras aux questions que tu as choisies. Ensuite, tu feras connaître le résultat de tes découvertes sous la forme d'un bulletin de nouvelles.

4. Tu pourrais diffuser ton bulletin de nouvelles oralement, comme à la radio ou à la télévision, ou par écrit, comme dans un journal.

Discutes-en avec tes camarades et choisis le mode de diffusion qui te plaît le plus.

5. Discute avec tes camarades des différentes ressources où on peut trouver de l'information.

Tu te poses encore des questions sur la vie des enfants, sur un pays en particulier? Écris ta question et explique la démarche que tu suivras à ton enseignante ou à ton enseignant. Dès que tu auras trouvé une réponse, communique-la vite à tes camarades!

Consulte les suggestions de lectures à la page 244 de ton manuel. Tu passeras sûrement des heures excitantes le nez dans les livres!

2 Lecture

Les enfants d'ici

Tu vas :

Sélectionner
des informations
dans un texte

Tu fréquentes l'école depuis quelques années, mais sais-tu combien d'heures par semaine tu passes en classe ? Combien de jours par année ? Pour comprendre la vie des enfants d'un autre pays, assure-toi de bien connaître celle des enfants d'ici.

1. Que sais-tu de la vie des écoliers et des écolières de ta province ? Réponds aux questions de la fiche *L'école d'ici*. Ajoute les questions que tu te poses.

2. Lis le texte *L'école au Québec*.

L'école au Québec

Au Québec, tous les enfants de 6 à 16 ans vont à l'école. C'est obligatoire. Beaucoup d'entre eux fréquentent l'école dès l'âge de 4 ou 5 ans, à l'éducation préscolaire. Même si cela n'est pas obligatoire, la plupart des parents inscrivent leurs enfants à la maternelle. Ils considèrent que c'est une bonne façon de les intégrer à la vie scolaire.

Trois cycles au primaire

L'enseignement primaire dure six ans et compte trois cycles. Les deux premières années, les enfants ont des cours de langues (français ou anglais, selon la langue maternelle), de mathématique, d'arts, d'éducation physique et d'enseignement moral ou religieux. Au deuxième cycle, soit durant la troisième et la quatrième année, s'ajoutent la science et la technologie, l'histoire et la géographie, l'éducation à la citoyenneté ainsi que l'apprentissage d'une langue seconde. Au troisième cycle, soit durant la cinquième et la sixième année, l'apprentissage de toutes ces matières se poursuit. Les élèves se préparent pour le secondaire.

Environ 180 jours de classe

L'année scolaire commence à la fin d'août et se termine à la fin de juin. Elle compte au moins 180 jours de classe. L'horaire est de 5 jours, du lundi au vendredi, à raison de 23,5 heures par semaine. En plus des deux mois de vacances d'été, il y a une dizaine de jours de congé à Noël et une semaine de relâche, habituellement en mars.

L'autobus scolaire

Il y a de moins en moins d'enfants au Québec, en ville comme à la campagne. Ainsi, plusieurs petites écoles ferment leurs portes et les classes sont regroupées dans de plus grands établissements. De plus en plus d'enfants doivent donc prendre l'autobus pour se rendre en classe. Tous ceux qui habitent à plus de 1,6 kilomètre de l'école bénéficient du service de transport scolaire.

Une journée bien remplie

Les horaires varient d'une école à l'autre. En général, les cours commencent vers 8 h 30 et se terminent vers 15 h 30. Pour dîner, les enfants disposent d'au moins 50 minutes. La plupart d'entre eux mangent à l'école.

Après les cours, des services de garde sont offerts à l'école. On y propose des activités sportives et artistiques de même que du soutien pour les travaux scolaires. Ces mêmes services sont aussi offerts le matin, avant les cours.

Dans les autres provinces

L'école est obligatoire dans toutes les provinces du Canada. Toutefois, il y a quelques variations. Par exemple, au Nouveau-Brunswick, l'école est obligatoire pour les jeunes de 5 à 18 ans, et en Ontario, le cours primaire dure 8 ans.

3. Il est plus facile de trouver des informations dans un texte quand on sait comment il est structuré. Pour comprendre la structure du texte *L'école au Québec*, observe les intertitres.

4. Tu as déjà trouvé des informations dans un texte. Te souviens-tu comment tu avais fait ? Compare ta stratégie à celle qui suit.

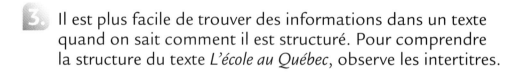

Pour sélectionner des informations dans un texte

1° Je me fais un schéma du texte dans ma tête. Pour cela, je regarde les intertitres (c'est-à-dire les titres dans le texte). Je regarde aussi la première phrase de chaque paragraphe.

2° Je cherche dans quelle partie du texte je peux trouver les informations désirées.

3° Je lis la partie du texte qui porte sur les informations que je cherche.

4° Je cherche la phrase ou les phrases qui répondent à ma question.

5° Je lis cette phrase ou ces phrases.

6° Je reviens à ma question : je rédige une réponse claire en me servant des informations que j'ai trouvées dans le texte.

5. Relis le texte *L'école au Québec*. Réponds aux questions de la fiche *L'école d'ici*. Cherche aussi des réponses à tes propres questions.

6. As-tu trouvé des réponses à toutes tes questions ? Compare tes trouvailles à celles d'un ou d'une camarade.

3 Lecture

Les enfants d'ailleurs

Tu vas :

Sélectionner des informations dans un texte

Ta tête fourmille déjà de questions sur la vie des écoliers et des écolières d'un autre pays ? sur le pays lui-même ? Voici le moment de trouver des réponses.

1. Consulte ton journal de bord. Trouve les questions que tu avais notées au début du projet. Où prendras-tu les informations que tu cherches ?

- Si tu veux connaître les jeunes du Brésil, du Japon, de la France, de l'Inde, de l'Australie et du Cameroun, consulte les textes du recueil (p. 137 à 154).

- Si tu veux davantage d'informations ou si tu t'intéresses à un autre pays, consulte les suggestions de lectures à la page 244 de ton manuel, des encyclopédies ou des sites Internet.

2. Cherche maintenant des textes qui portent sur le sujet qui t'intéresse. Pour cela :

- pense à des mots clés qui se rapportent à la question que tu te poses. Par exemple, si la Chine t'intéresse, tes mots clés seront « Chine », « Chinois », « école chinoise », « vie quotidienne en Chine », etc. ;

- cherche ces mots clés dans les index et les tables des matières des encyclopédies ;

- tu peux aussi faire une recherche dans Internet en utilisant les mêmes mots clés.

3. Utilise la stratégie de la page 24 pour trouver des réponses à tes questions.

4. Dans ton cahier, note les informations que tu as trouvées.

5. Discute de ton travail avec les élèves de ta classe.

- As-tu trouvé toutes les informations que tu cherchais ?

- As-tu eu de la difficulté à trouver des textes ? à les comprendre ? Quelles solutions as-tu utilisées ?

- Est-ce qu'il y a des camarades qui peuvent t'aider ?

4 Écriture

Un bulletin de nouvelles captivant

Tu vas :

Rédiger un texte en utilisant les informations sélectionnées

As-tu déjà écouté des bulletins de nouvelles à la radio ou à la télévision ? Si oui, tu as dû constater qu'il s'agit d'une suite d'informations sur un ou plusieurs sujets d'actualité. L'annonceur ou l'annonceure lit un texte soigneusement préparé. Il n'est pas question ici d'improviser !

Planification

1. En classe, posez-vous les questions suivantes.
- Pourquoi lit-on ou écoute-t-on un bulletin de nouvelles ?
- Y a-t-il une différence entre écrire un bulletin de nouvelles, donner son opinion sur un sujet et rédiger une histoire ?

2. Relis les notes que tu as prises au cours de tes lectures.
- Choisis celles que tu conserveras pour ton bulletin de nouvelles.
- Décide combien de nouvelles il y aura dans ton bulletin.
- Pense à ce que tu vas écrire dans chaque nouvelle.

Rédaction et révision

1. Rédige ton bulletin de nouvelles au brouillon.

- Laisse de l'espace entre les lignes pour pouvoir retravailler ton texte.
- Souligne les mots difficiles à orthographier et les phrases à revoir.

2. Relis ton texte en te posant les questions suivantes.

- Les informations sont-elles exactes ?
- Y a-t-il suffisamment d'informations pour qu'on comprenne bien ce que tu veux dire ?

3. Demande à un ou une camarade de lire ton texte pour vérifier s'il est clair et facile à comprendre. Lis ensuite son texte et fais-lui tes commentaires.

LES MOTS ET LES PHRASES

Syntaxe

Tu vas :

Reconnaître les types de phrases et les ponctuer correctement

1. Tu sais déjà que les phrases peuvent se terminer par plusieurs sortes de points. Observe le sens et la ponctuation des phrases ci-dessous.

Utilise ton cahier au besoin.

A Ce pays est magnifique.

B Comme ce pays est magnifique !

C Avez-vous visité ce pays magnifique ?

D Venez admirer ce pays magnifique.

2. Les phrases que tu viens d'observer sont de quatre types.

- La phrase A est une **phrase déclarative**. C'est le type de phrase qu'on utilise le plus souvent lorsqu'on parle et qu'on écrit.
- La phrase B est une **phrase exclamative**.
- La phrase C est une **phrase interrogative**.
- La phrase D est une **phrase impérative**.

Trouve dans ta tête et dans des textes d'autres phrases de chaque type.

3. Dans les phrases A, B, C et D, on parle toujours de la même chose, d'« un pays magnifique ». Par contre, le sens de chaque phrase est différent : les intentions de la personne qui parle sont différentes d'une phrase à l'autre. La ponctuation varie aussi selon le type de phrase.

- La **phrase déclarative** sert le plus souvent à constater ou à déclarer quelque chose. Elle se termine par un **point**.
- La **phrase exclamative** sert à exprimer un sentiment intense et à s'exclamer. Elle se termine par un **point d'exclamation**.
- La **phrase interrogative** sert à poser une question. Elle se termine par un **point d'interrogation**.
- La **phrase impérative** sert à donner un ordre ou un conseil. Elle se termine par un **point**, parfois par un **point d'exclamation**.

4. Transcris les phrases suivantes et ajoute la ponctuation qui convient.

A. Je connais plusieurs pays grâce aux livres et aux photos dans Internet **B.** Aimerais-tu visiter l'Australie **C.** Comme ce paysage est beau **D.** J'aimerais beaucoup visiter le Japon **E.** As-tu déjà entendu parler de ce pays d'Asie **F.** Allons-y ensemble **G.** Le trajet est long, même en avion, mais le voyage en vaut la peine **H.** Comme j'aimerais connaître des enfants de tous les pays

5. La phrase interrogative sert d'abord à poser une question, mais elle peut aussi servir à piquer la curiosité des lecteurs.

Ex. : Saviez-vous qu'en Inde, beaucoup d'enfants quittent l'école à l'âge de 11 ans ? En effet, plusieurs enfants...

Y a-t-il une ou deux phrases de ton bulletin de nouvelles que tu veux transformer en phrases interrogatives ?

Correction

1. Relis ton texte avec un ou une camarade. Arrêtez-vous à chaque phrase et posez-vous les questions suivantes.

- La phrase est-elle bien ponctuée ?
- Est-elle bien structurée ? Au besoin, vérifiez sa construction en utilisant les critères que vous avez appris au projet 1 (p. 15).

L'ORTHOGRAPHE

Orthographe grammaticale

Tu vas :

Reconnaître les verbes et les accorder

1. Dans les phrases suivantes, le mot « fête » est-il un verbe ou un nom ?

- Explique à un ou une camarade comment tu fais pour le savoir.
- Trouvez ensemble une explication claire et dites-la aux élèves de la classe.

A Yoko fête l'arrivée du printemps.

B Les enfants organisent une fête.

Utilise ton cahier au besoin.

2. Avec les élèves de ta classe, trouve les moyens les plus sûrs pour distinguer un nom d'un verbe dans une phrase. Ensemble, comparez ces moyens à ceux qui sont donnés dans *Mes outils pour écrire*.

3. Avec un ou une camarade, dis si les mots soulignés sont un verbe ou un nom. Ensemble, utilisez des moyens sûrs pour justifier votre réponse.

A Il est tombé, car il n'a pas vu la <u>marche</u>. L'enfant blessé <u>marche</u> difficilement.

B La cinéaste <u>annonce</u> la sortie de son film. Son amie a vu l'<u>annonce</u> dans le journal.

C Pablo collectionne les <u>affiches</u> de films. Il les <u>affiche</u> dans sa chambre.

D Sandrine ouvre la <u>porte</u> de la maison, mais le vent la <u>ferme</u> brusquement.

4. Tu sais que le verbe s'accorde avec le sujet : il reçoit la personne et le nombre du nom ou du pronom sujet. Voici comment trouver le sujet.

Pour trouver le sujet

- Je regarde si le verbe est précédé des pronoms «je», «tu», «il», «ils» ou «on». Ces pronoms sont toujours sujets.

- Si le verbe est précédé :
  - d'un autre pronom comme «elle», «elles», «nous», «vous», «cela» ou «ça» ;
  - d'un groupe du nom ;

  j'utilise la construction «<u>c'est... qui</u>» pour trouver le sujet.

  Ex. : Plusieurs enfants prennent l'autobus pour aller à l'école.

  C'est **plusieurs enfants** <u>qui</u> prennent l'autobus pour aller à l'école.

  Le groupe du nom «plusieurs enfants» est le sujet.
  Le verbe «prennent» s'accorde avec lui.

5. Trouve le verbe conjugué des phrases suivantes et explique son accord. Compare ensuite tes explications à celles d'un ou d'une camarade.

A En Australie, les filles participent régulièrement à des compétitions sportives.

B Dans plusieurs pays, des enfants quittent l'école très tôt afin d'aider leurs parents à subvenir aux besoins de la famille.

C Les écoliers français sortent souvent avec leurs camarades pour visiter des musées et assister à des spectacles.

2. Vérifie maintenant l'orthographe de ton texte. Relis chaque phrase en suivant les étapes ci-dessous.
- Repère les groupes du nom et vérifie si le déterminant, le nom et l'adjectif, s'il y a lieu, sont bien accordés.
- Repère le verbe, cherche le sujet et vérifie si le verbe est bien accordé.
- Vérifie l'orthographe d'usage des mots ; consulte au besoin ta liste orthographique ou un dictionnaire.

3. Fais vérifier l'orthographe de ton texte par un ou une camarade. Vérifie l'orthographe de son texte.

4. Dans ton texte, trouve cinq mots que tu as eu de la difficulté à orthographier.
- Compare la façon dont tu les avais écrits à la manière correcte de les écrire.
- Transcris ces mots bien orthographiés.

5. Écris maintenant ton bulletin de nouvelles au propre.

Orthographe d'usage

6. Voici une stratégie qui peut t'aider à retenir l'orthographe d'un mot.

> **Pour apprendre l'orthographe d'un mot**
>
> 1° Je lis le mot attentivement une première fois.
>
> 2° J'examine ce mot en cherchant ce qu'il a de particulier.
>
> 3° Je ferme les yeux et j'écris le mot dans ma tête.
> Si j'ai des doutes sur son orthographe, je le regarde
> à nouveau.
>
> 4° J'écris le mot de mémoire, c'est-à-dire sans le regarder.
>
> 5° Je vérifie si je l'ai bien écrit. Sinon, je le corrige.

7. Utilise cette stratégie pour mémoriser le nom des matières que tu étudies à l'école.

français, anglais, mathématique, art, musique, danse, science, histoire, géographie, éducation physique

8. Des mots d'une même famille ont souvent des syllabes et des lettres semblables.

- Trouve les ressemblances et les différences entre les mots de chaque série.

- Mémorise ensuite ces mots.

  école – écolier – écolière – scolaire

  enfant – enfance

  entrée – entrer – rentrée – rentrer

  étude – étudiant – étudiante – étudier – studieux

  jour – journée – bonjour – aujourd'hui

  journal – journaliste

  pays – paysage – paysan – paysanne

9. Voici quelques mots interrogatifs qu'on écrit souvent. Observe-les et mémorise leur orthographe.

est-ce que, qu'est-ce que, quand, combien, comment, pourquoi, qui

Oyez! Oyez! Des nouvelles des enfants du monde!

Tu vas:

Communiquer efficacement

Au Moyen Âge, des messagers proclamaient les messages du roi sur la place publique. Ils criaient «Oyez!», qui veut dire «Écoutez!». Aujourd'hui, tu pourrais dire: «Oyez! Oyez! Voici des nouvelles des enfants du monde!»

1. Tu as choisi de diffuser ton bulletin de nouvelles oralement? Assure-toi de le lire avec une intonation vivante.

   • Lis ton bulletin à quelques reprises pour bien le maîtriser.

   • Fais attention à ta prononciation.

   • Exerce-toi devant un ou une camarade.

2. Tu as préféré diffuser ton bulletin de nouvelles par écrit? Décide si tu vas l'afficher ou plutôt le distribuer.

3. Diffuse maintenant ton bulletin de nouvelles. Prends aussi connaissance des bulletins de nouvelles de tes camarades. Quelles nouvelles t'intéressent le plus? Pourquoi?

4. Forme une équipe avec trois autres élèves pour faire le bilan de cette expérience. Ensemble, partagez les découvertes que vous avez faites au cours de ce projet.

5. En classe, discutez des deux modes de diffusion qui étaient proposés. Comparez les avantages et les inconvénients de ces deux modes.

6. Fais ton bilan personnel dans ton journal de bord. Utilise la fiche qu'on te remettra.

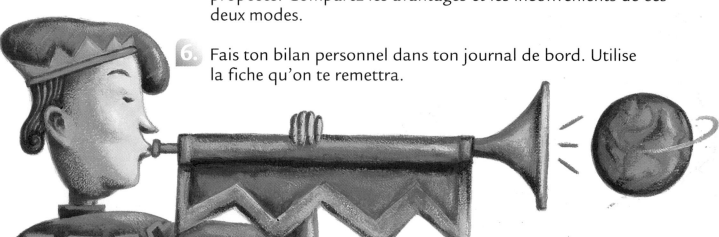

Projet 3

Métamorphoses d'automne

L'automne est une saison de grande générosité. La nature déborde de fruits, de légumes, de couleurs surtout ! C'est aussi une saison de changements. Les plantes, les animaux et même les humains modifient leurs habitudes pour s'adapter aux froids de l'hiver.

Le but du projet

Dans ce projet, tu monteras un album documentaire qui portera sur les changements à l'automne.

Les étapes à suivre

1. Avec tes camarades, tu vas partager ce que tu sais et les questions que tu te poses sur l'automne. Tu vas choisir la question qui sera ton sujet de recherche.

2. Tu vas lire un texte qui expliquera pourquoi les feuilles changent de couleur à l'automne.

3. Tu vas lire un ou deux textes qui répondront à la question que tu te poses.

4. Tu vas rédiger un texte pour répondre à ta question. Puis, tes camarades et toi allez réunir tous les textes dans un album.

5. Vous déposerez votre album à la bibliothèque. Ensuite, tu vas faire le bilan de ce projet.

Tu vas apprendre à :

- communiquer tes connaissances ;
- comprendre un texte informatif ;
- comprendre des mots nouveaux dans un texte ;
- planifier et réaliser une recherche ;
- rédiger un texte informatif ;
- éviter les répétitions dans un texte ;
- préciser un nom ;
- accorder le verbe quand le sujet est long.

35

Les changements dans la nature

Depuis septembre, la nature s'est beaucoup transformée autour de toi. Les gens aussi ont modifié leurs habitudes : ils ne vivent pas en automne tout à fait comme en été. Quels changements remarques-tu ?

1. Avec tes camarades, discute des changements qui se produisent à l'automne. Pendant la discussion :
- respecte les règles pour que la discussion se déroule bien ;
- formule clairement ce que tu sais sur le sujet et les questions que tu te poses.

2. Au cours de votre discussion, vous avez énuméré plusieurs changements. Ces changements appartiennent à trois domaines :
- les changements chez les animaux ;
- les changements chez les végétaux ;
- les changements chez les humains.

Classe les changements dont vous avez discuté en fonction de ces trois domaines.

3. Choisis le domaine qui t'attire le plus. Mets-toi ensuite en équipe avec des élèves qui ont choisi le même domaine que toi.

- Trouvez des changements qui vous intéressent.
- Faites des hypothèses pour expliquer ces changements.

4. Parmi les changements que vous avez trouvés, choisis celui qui t'intéresse le plus. Formule une question reliée à ce changement. Si tu n'as pas trouvé de changement qui t'intéresse, tu peux t'aider de la fiche *Liste de sujets de recherche*.

- Dis aux membres de ton équipe la question que tu as choisie.
- Écris ta question dans ton journal de bord.

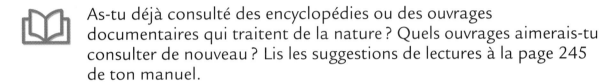 As-tu déjà consulté des encyclopédies ou des ouvrages documentaires qui traitent de la nature ? Quels ouvrages aimerais-tu consulter de nouveau ? Lis les suggestions de lectures à la page 245 de ton manuel.

Tu aimerais répondre à une autre question dans ce projet ? Écris-la, puis dépose-la dans la boîte aux questions. La démarche que tu suivras au cours de ce projet t'aidera à répondre à plusieurs de tes questions.

Une transformation spectaculaire

La transformation des arbres à l'automne est sans doute le changement le plus spectaculaire de tous. C'est une véritable fête des couleurs !

1. Pourquoi les feuilles des arbres changent-elles de couleur à l'automne ?

- Trouve une explication et dis-la aux élèves de ta classe.
- Écris l'explication que tu as trouvée ; tu y reviendras plus tard.

2. Lis le texte suivant. Tu verras si ton explication était juste.

Les couleurs en automne

À l'automne, la nature se transforme et elle nous en met plein la vue. Dès que le temps commence à se refroidir, les arbres se mettent à changer de couleur. Tandis que certains arbres restent verts, d'autres deviennent jaunes, or, orangés ; d'autres encore rougeoient... Comment expliquer que de nombreux arbres abandonnent leur feuillage vert et qu'ils ne prennent pas tous la même couleur ?

La lumière et la couleur des arbres

En automne, les jours sont plus courts que les nuits ; il y a donc moins de lumière et moins de chaleur. Ce changement agit sur le feuillage des plantes et des arbres, en particulier sur celui des arbres à feuilles caduques.

Les feuilles caduques sont plus molles, plus larges et plus fragiles que les feuilles persistantes. Elles contiennent des pigments, autrement dit des substances chimiques colorées : il y a entre autres la chlorophylle, de couleur verte, et le carotène, qui est jaune orangé. Ce sont ces pigments qui donnent aux feuilles leur couleur caractéristique.

La chlorophylle a besoin de soleil pour agir. Ainsi, au printemps et en été, les feuilles sont vertes parce que la chlorophylle est très présente. À l'automne, par contre, la chlorophylle disparaît à mesure que le vent et le froid dessèchent les feuilles et que la lumière diminue. Les feuilles perdent alors leur teinte verte et commencent à jaunir. Lorsqu'il n'y a plus de trace de chlorophylle, elles prennent la couleur du carotène, c'est-à-dire jaune orangé.

Le froid entraîne la mort des feuilles, qui deviennent brun terne. Le carotène a alors disparu à son tour. Les feuilles tombent au sol, où elles s'entassent et se décomposent.

3. Qu'est-ce que tu as compris de l'explication qui est dans le texte ? Redis-la dans tes mots.

Devras-tu modifier l'explication que tu avais trouvée à l'activité 1 ?

4. Cette partie du texte contient plusieurs mots probablement nouveaux pour toi. En voici quatre :

- le mot « rougeoient » dans le premier paragraphe ;

- les mots « pigments », « chlorophylle » et « carotène » dans le troisième paragraphe.

Que veulent dire ces mots ? Comment peux-tu en trouver le sens ?

5. Voici une stratégie qui peut t'aider.

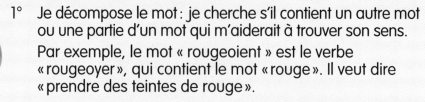

Pour comprendre des mots nouveaux dans un texte

1° Je décompose le mot : je cherche s'il contient un autre mot ou une partie d'un mot qui m'aiderait à trouver son sens.

Par exemple, le mot « rougeoient » est le verbe « rougeoyer », qui contient le mot « rouge ». Il veut dire « prendre des teintes de rouge ».

2° Je cherche une explication dans le contexte :

- dans la même phrase ou dans une autre phrase ;
  - Cette explication commence parfois par « c'est-à-dire », « autrement dit », « en d'autres termes », « par exemple », etc.
  - Parfois aussi, je dois déduire le sens du mot à l'aide des autres mots qui l'entourent.

- dans une note entre parenthèses ou au bas de la page.

3° Je peux aussi consulter un dictionnaire.

6. Poursuis ta lecture en te servant de la stratégie que tu viens d'apprendre.

Des couleurs variées

Les arbres d'automne n'affichent pas tous les mêmes couleurs. Par exemple, le feuillage de certains érables rougit alors que celui du hêtre ou du bouleau blanc jaunit.

Ce phénomène est dû au fait que les feuilles contiennent d'autres pigments que la chlorophylle et le carotène, de même que des sucres. Comme la quantité de chacune de ces substances varie d'une espèce d'arbre à une autre, la couleur des feuillages varie également.

Un érable et son feuillage rouge.

Un bouleau et son feuillage jaune.

Les arbres qui restent verts

Les arbres à feuilles persistantes comme le sapin, l'épinette et le pin conservent un feuillage vert toute l'année. Leurs feuilles, plus résistantes et mieux protégées que les feuilles caduques, ont des propriétés particulières. Elles sont généralement dures et ont une texture cireuse qui les rend imperméables. Le vent et le froid ne les dessèchent pas.

Les feuilles persistantes contiennent elles aussi de la chlorophylle. Parce qu'elles sont résistantes, ces feuilles conservent leur chlorophylle toute l'année, même par temps très froid. C'est pourquoi les feuilles persistantes gardent leur couleur verte à longueur d'année.

Les arbres à feuilles persistantes résistent aux froids les plus intenses et au gel. Leurs feuilles ont une durée de vie de trois ou quatre ans. Comme tous les arbres, ils perdent leurs feuilles, mais de façon continuelle. Cela signifie que leurs feuilles tombent à tour de rôle et que l'arbre n'est jamais dégarni.

Les arbres à feuilles persistantes conservent leur feuillage toute l'année.

En automne, la couleur du paysage peut varier beaucoup. Si les arbres possèdent des feuilles assez résistantes pour conserver la chlorophylle, ils restent verts. Si, au contraire, leurs feuilles ne sont pas adaptées au froid, la chlorophylle disparaît et ils commencent à jaunir ou à rougir.

 Retrouve les membres de ton équipe. Ensemble, expliquez le plus clairement possible pourquoi les feuilles changent de couleur à l'automne.

Pensez à nommer un ou une porte-parole qui présentera votre explication à la classe.

 Si tu es porte-parole, présente l'explication que vous avez trouvée.

9. Écoute les explications des porte-parole afin de vérifier si elles sont claires et complètes.

10. En classe, dites si cette lecture vous a permis de mieux comprendre pourquoi les feuilles changent de couleur à l'automne.

3 Lecture

Où ? Quand ? Comment ? Pourquoi ?

Tu vas :

Planifier et réaliser une recherche

Communiquer tes connaissances

Comprendre un texte informatif

Tu sais donc pourquoi les feuilles changent de couleur à l'automne. Tu vas maintenant faire une recherche pour expliquer le changement que tu as choisi.

1. Planifie ta recherche.

- Consulte ton journal de bord. Tu y avais noté la question qui t'intéressait.
- Écris cette question dans la partie A de la fiche *L'automne, saison de changements*. Cette fiche te servira de guide tout au long de ta recherche.

2. Dans la partie B de ta fiche, écris ce que tu sais sur le phénomène que tu vas étudier.

3. Cherche des textes qui te permettront de répondre à la question que tu te poses. Pour cela, fais une recherche par mots clés, comme tu l'as appris au projet 2 (p. 26).

N'oublie pas de consulter les textes du recueil (p. 155 à 170).

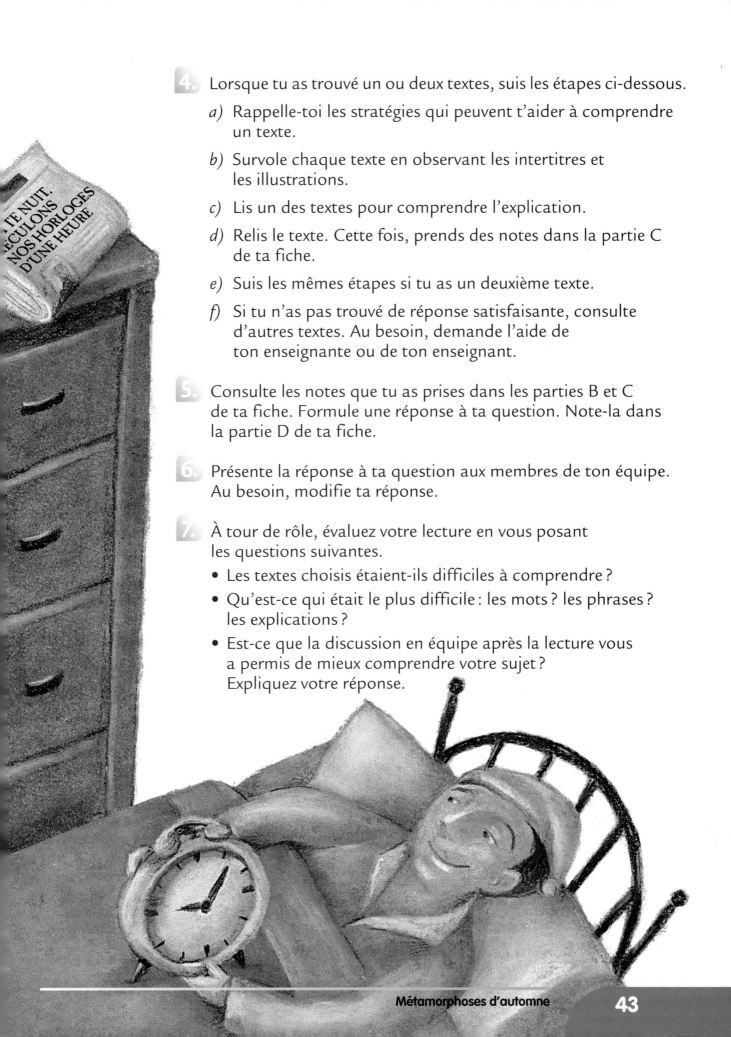

4. Lorsque tu as trouvé un ou deux textes, suis les étapes ci-dessous.

a) Rappelle-toi les stratégies qui peuvent t'aider à comprendre un texte.

b) Survole chaque texte en observant les intertitres et les illustrations.

c) Lis un des textes pour comprendre l'explication.

d) Relis le texte. Cette fois, prends des notes dans la partie C de ta fiche.

e) Suis les mêmes étapes si tu as un deuxième texte.

f) Si tu n'as pas trouvé de réponse satisfaisante, consulte d'autres textes. Au besoin, demande l'aide de ton enseignante ou de ton enseignant.

5. Consulte les notes que tu as prises dans les parties B et C de ta fiche. Formule une réponse à ta question. Note-la dans la partie D de ta fiche.

6. Présente la réponse à ta question aux membres de ton équipe. Au besoin, modifie ta réponse.

7. À tour de rôle, évaluez votre lecture en vous posant les questions suivantes.

- Les textes choisis étaient-ils difficiles à comprendre ?
- Qu'est-ce qui était le plus difficile : les mots ? les phrases ? les explications ?
- Est-ce que la discussion en équipe après la lecture vous a permis de mieux comprendre votre sujet ? Expliquez votre réponse.

Un album documentaire en marche

Tu vas :

Rédiger un texte informatif

Tu as maintenant des informations qui répondent à ta question. Voici le moment d'écrire un texte pour expliquer le phénomène que tu as choisi.

Planification

1. Relis toutes les informations que tu as recueillies jusqu'à maintenant. Fais le plan de ton texte.

- Comment vas-tu présenter ton sujet ?
- Dans quel ordre vas-tu donner les informations que tu as trouvées ?
- Comment vas-tu conclure ton texte ?
- Quelles illustrations ajouteras-tu pour aider à faire comprendre le phénomène que tu as choisi ?

2. Présente ton plan aux membres de ton équipe. Écoute leurs commentaires et leurs suggestions. Prends-les en note.

Rédaction et révision

1. Fais un brouillon de ton texte en suivant ton plan.

   - Laisse suffisamment d'espace entre les lignes pour pouvoir retravailler ton texte.

   - Indique les mots difficiles à écrire et les phrases à revoir. Tu y reviendras au moment de la correction.

2. Relis ton texte afin de vérifier s'il est clair et complet. Assure-toi que tu as suivi ton plan.

3. Lis ton texte aux membres de ton équipe. Écoute leurs commentaires et leurs suggestions. Au besoin, apporte des modifications.

LES MOTS ET LES PHRASES

Syntaxe et vocabulaire

Tu vas :

Éviter les répétitions dans un texte

1. Te rappelles-tu comment éviter les répétitions inutiles quand tu écris un texte ? Lis le texte suivant et essaie d'éliminer les répétitions.

Utilise ton cahier au besoin.

L'ours brun

L'ours brun dort et somnole tout l'hiver. L'automne, l'ours brun doit donc manger abondamment. On peut alors voir l'ours brun en plein jour puisque l'ours brun passe beaucoup de temps à se nourrir. C'est le moment pour l'ours brun de chercher un bon endroit où hiverner.

Un album à faire connaître

Ta recherche est terminée... Il te reste maintenant à en diffuser les résultats.

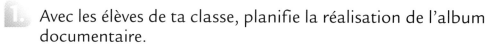

1. Avec les élèves de ta classe, planifie la réalisation de l'album documentaire.
   - Comment voyez-vous cet album ? Quel titre lui donnerez-vous ?
   - Comment sera la page couverture ? Y aura-t-il une table des matières ?

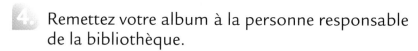

2. En équipe, préparez-vous à présenter votre recherche.
   - À tour de rôle, exercez-vous à présenter la réponse à votre question.
   - Utilisez des mots précis et faites des phrases claires.

3. Présentez vos recherches à la classe et à la personne responsable de la bibliothèque. Écoutez attentivement les présentations des autres équipes.

4. Remettez votre album à la personne responsable de la bibliothèque.

5. Fais le bilan de ce projet avec tes camarades.
   - Est-ce que la démarche que tu as suivie t'a été utile ? Explique ta réponse.
   - À quelles occasions pourras-tu recourir à cette démarche ?

6. Fais ton bilan personnel dans ton journal de bord à l'aide de la fiche qu'on te remettra. Dépose une copie de ton texte et ta fiche de recherche dans ton portfolio.

Projet 4

Des êtres imaginaires

Sorcières, loups-garous, trolls, farfadets... Voilà
des personnages étranges que l'être humain
a imaginés il y a bien longtemps. Nous
les connaissons à travers les contes et les légendes
de différents pays. Ces êtres mystérieux ont traversé
les siècles... pour se retrouver parfois dans
des dessins animés, parfois dans la rue un certain
soir d'octobre...

Le but du projet

Tu vas rédiger une histoire dont
le personnage est un être imaginaire.
Tu vas ensuite diffuser ton texte au
moyen d'Internet.

Les étapes à suivre

1. Tu vas explorer les êtres qui peuplent
ton imaginaire.

2. Tu vas lire un texte sur l'être
imaginaire de ton choix.

3. Tu vas rédiger une histoire dont
le personnage principal sera cet être
imaginaire.

 4. Tu vas diffuser ton histoire. Puis,
tu vas faire le bilan du projet.

Tu vas apprendre à :

- exprimer clairement tes idées ;
- faire preuve de jugement critique ;
- lire pour mieux connaître un personnage ;
- rédiger une histoire ;
- améliorer les phrases d'un texte ;
- détecter les erreurs dans un texte ;
- travailler en coopération ;
- diffuser ton texte au moyen d'Internet.

2. Discute de la méthode que tu viens d'apprendre avec tes camarades de classe.

- Quel genre d'erreurs fais-tu le plus souvent ?
- As-tu de la difficulté à détecter les erreurs de ta spécialité ? Si c'est le cas, qui dans la classe pourrait t'aider ?
- Est-ce plus facile de corriger le texte d'une autre personne que ton propre texte ?
- Est-ce que tu fais confiance aux autres dans ce genre de travail ?

3. Conserve ta fiche *Tableau de classement des erreurs* dans ton portfolio.

4. Y a-t-il des mots dans ton texte que tu as trouvés difficiles à orthographier ? Observe ces mots et transcris-les dans ton cahier ou dans un carnet d'orthographe.

5. Transcris ton histoire à l'aide d'un logiciel de traitement de texte. Relis-la pour t'assurer que tu n'as pas fait d'erreurs en la transcrivant.

6. Illustre ton texte d'une image trouvée dans une banque d'images.

Orthographe d'usage

9. Voici des mots que tu as lus tout au long de ce projet. Mémorise-les en te servant de la stratégie que tu connais.

dragon, fantôme, fée, géant, monstre, mystère, ogre, personnage, sorcière

10. Les adjectifs qui suivent se terminent par un son voyelle lorsqu'on les dit à voix haute. Mais quand on les écrit, se terminent-ils par une voyelle ou par une consonne muette ?

A gentil, gris, joli, petit, poli, précis

B doux, fou, jaloux, mou, roux

C cru, ému, inconnu, nu, pointu

D apeuré, brisé, caché, carré, déguisé, doré, fermé, frisé, hanté, rusé

a) Classe ces adjectifs dans le tableau de la fiche *Voyelle ou consonne*.

b) Mémorise chaque adjectif.

11. Observe et mémorise les adjectifs suivants. Ils se terminent de la même façon au masculin et au féminin.

aimable, calme, comique, drôle, magnifique, sombre, terrible

6. Chaque poète choisit la forme de poème qui traduit le mieux ses sentiments et ses images. Voici différentes formes de poèmes présentées dans le recueil.

- **Des calligrammes** : ce sont des poèmes où les mots sont placés de façon à former un dessin.
- **Des haïkus** : ce sont des poèmes très courts, formés de quelques mots seulement. À l'origine, un haïku devait contenir dix-sept syllabes.
- **Des poèmes en rimes** : dans ces poèmes, des vers se terminent par un même son ; parfois, ce sont des vers qui se suivent, parfois il y a alternance de rimes.
- **Des poèmes en vers libres** : dans ces poèmes, il n'y a pas de rimes.

7. Parmi les textes du recueil, cherche un poème appartenant à chacune des catégories énumérées ci-dessus. Discute de la forme de ces poèmes avec les membres de ton équipe.

- Y a-t-il une forme qui vous attire davantage ?
- Quand vous lisez un poème, qu'est-ce qui vous intéresse le plus : la forme du poème ou le texte ? Expliquez votre réponse.

8. Sur une feuille de papier de grand format, écrivez en équipe les images qui vous restent de vos lectures. Affichez cette feuille dans la classe.

Écriture

L'atelier de poésie

Le poète, tout comme l'artiste, travaille dans son atelier. Les mots sont ses matériaux. Il les choisit et les assemble avec soin. Il utilise des instruments de travail des plus précieux : son imagination, sa sensibilité, son cœur. Entre dans ton atelier de poète et donne aux mots que tu connais un souffle nouveau.

Planification

1. Tu vas écrire un poème sur la saison qui éveille en toi le plus d'images. Tu peux conserver la saison que tu avais choisie au moment de la lecture, mais tu peux aussi changer. Écris le nom de la saison choisie au centre d'une feuille. Cette feuille te servira à planifier l'écriture de ton poème.

2. Choisis les images de ton poème.
   - Lis les images notées par tes camarades sur les feuilles affichées dans la classe. Lis également les images que tu as notées dans ton journal de bord.
   - Quelles images retiens-tu ? Écris celles que tu trouves intéressantes sur ta feuille de planification.

3. Choisis la forme que tu veux donner à ton poème. Feras-tu un calligramme, un haïku, un poème en rimes ou en vers libres ?

4. Trouve maintenant des mots pour écrire ton poème en faisant les activités qui suivent.

Vocabulaire

1. Forme une équipe avec trois camarades.
Ensemble, faites l'activité qui suit.
Elle vous aidera à trouver des mots
pour vos poèmes.

- L'un de vous lance un mot de départ parmi
les mots suivants :

  pluie, soleil, froid, feuille, ski, nuit, nuage, ruisseau

- À tour de rôle, vous dites à quels mots le mot de départ vous fait
penser. Vous arrêtez lorsque vous ne trouvez plus de mots.

  Ex. :

feuilles   couleurs

oiseaux   **arbre**   pays

voyage   lointain

- Chacun note ensuite sur sa feuille de planification les mots qu'il
aimerait retenir pour son poème.

- Ensemble, vous choisissez ensuite un autre mot et vous continuez
jusqu'à ce qu'il n'y ait plus de mots de départ.

2. Individuellement, fais le même travail d'association de mots avec
les mots suivants :

vent, rue, sentier, lune, fête, fleur, sable

- Choisis un ou deux mots qui conviennent au sujet de ton poème.

- Écris les mots qui te viennent en tête quand tu penses à ces mots
de départ.

- Transcris les mots que tu veux conserver sur ta feuille de planification.

3. Relève quelques mots que tu as notés sur ta feuille de planification.
Associe ces derniers à d'autres mots auxquels ils te font penser,
comme tu viens de le faire. Note-les ensuite sur ta feuille de
planification.

4. Les mots peuvent exprimer des nuances. Par exemple, à l'automne, les feuilles prennent différentes teintes : jaune, or, orangé, rouge, écarlate, cramoisi.

Peux-tu ajouter d'autres mots à cette série ?

5. Les mots suivants forment des séries. Avec les membres de ton équipe, trouve des mots qui peuvent compléter chaque série. Utilise un dictionnaire pour trouver des synonymes ou pour vérifier le sens d'un mot.

- Des adjectifs qui expriment la peur :
  inquiet, craintif, apeuré, effarouché, terrifié

- Des adjectifs qui décrivent le vent :
  doux, caressant, vif, violent, puissant

- Des adjectifs qui expriment comment est le soleil :
  ardent, doux, enveloppant

6. Parmi les mots que tu as trouvés, aux activités 4 et 5, certains pourraient-ils convenir à ton poème ? Si oui, transcris-les sur ta feuille de planification.

5. Relis maintenant tout ce que tu as écrit sur ta feuille de planification.

- Choisis les images que tu veux conserver pour ton poème.
- En observant les mots que tu as écrits, trouve d'autres images qui expriment bien ce que tu veux dire sur la saison que tu as choisie.
- Entoure les mots que tu veux utiliser dans ton poème.

Rédaction et révision

1. Rédige une première version de ton poème. Laisse assez d'espace pour le retravailler. Mets un signe au-dessus des mots dont tu doutes de l'orthographe.

2. Lis ton poème en te posant les questions suivantes.

- Est-ce que ton texte rend bien les images que tu as en tête ? Quelles modifications veux-tu apporter ?
- Les mots que tu as employés traduisent-ils bien les nuances de ta pensée ? Y a-t-il des mots que tu veux remplacer ou ajouter ?
- Ton poème a-t-il la forme que tu avais choisie ?

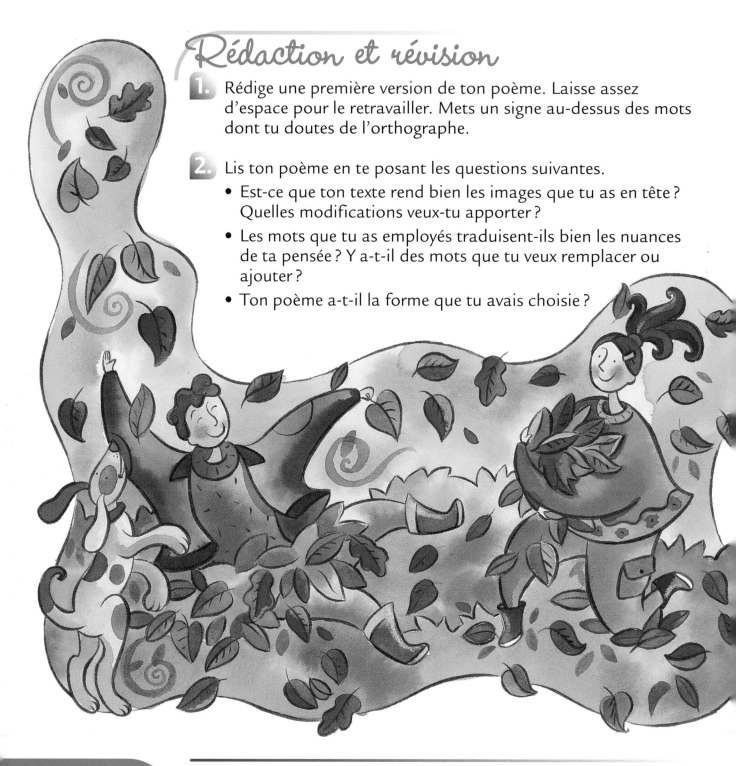

Correction

1. Relis ton poème en corrigeant toutes les erreurs que tu peux détecter.

2. Demande à un voisin ou à une voisine de lire ton poème ; explique-lui la démarche que tu as suivie pour détecter et corriger tes erreurs.

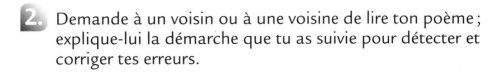

L'ORTHOGRAPHE

Orthographe grammaticale

Tu as appris comment accorder l'adjectif avec le nom. Il y a toutefois des cas où c'est plus difficile. Dans les activités qui suivent, tu vas apprendre à détecter ces cas.

Utilise ton cahier au besoin.

1. Les adjectifs et les adjectifs participes qui se terminent par les sons [é], [i] et [u] sont parfois difficiles à accorder. Pourquoi ? Parce qu'on n'entend pas la différence entre le masculin et le féminin. Par exemple, qu'on dise « un ciel **étoilé** » ou « une nuit **étoilée** », on n'entend pas la différence dans la prononciation du mot « étoilé ».

Remarque : Le participe est une forme du verbe. Par exemple, « aimé » est le participe du verbe « aimer ». Lorsque ce participe est employé sans auxiliaire, on l'appelle un adjectif participe et on l'accorde comme un adjectif.

2. Transcris les phrases suivantes en choisissant l'orthographe correcte de l'adjectif ou de l'adjectif participe.

A Une vieille dame (ému – émus – émue) contemple les nouvelles pousses du printemps.

B Quel plaisir de faire du ski sur des pentes (enneigé – enneigée – enneigées) !

C L'arbre (dépouillés – dépouillé – dépouillée) de ses feuilles ressent-il le froid intense de l'hiver ?

D Le bonhomme de neige avait un nez (pointu – pointue – pointus) fait avec une carotte (cru – crue – crus).

3. Une autre difficulté survient lorsque le groupe du nom contient plusieurs adjectifs ou adjectifs participes.

Ex. : Grand-père travaille tous les jours à sa **jolie** rocaille **fleurie**.

Tu dois alors bien repérer tous les mots qui font partie d'un même groupe du nom et faire les accords nécessaires.

4. Transcris les phrases suivantes et entoure les groupes du nom. Relie les noms aux adjectifs et aux adjectifs participes qui se rapportent à ces noms.

A À l'automne, la nature nous offre de ravissants spectacles colorés.

B Les premières fleurs printanières ajoutent une touche brillante et attendrissante à une nature encore grise.

C Les feuilles jaunes et dorées craquent sous nos pas.

5. Parfois, l'adjectif ou l'adjectif participe est loin du nom auquel il se rapporte. Il peut être placé avant le nom, comme dans l'exemple A, ou après le nom, comme dans l'exemple B.

A **Ensevelis** sous la neige, les arbustes forment un décor mystérieux.

B Les skieurs, très **excités** par la dernière bordée de neige, ont envahi les pistes de ski.

6. Transcris les phrases suivantes et choisis l'orthographe correcte des adjectifs et des adjectifs participes.

A (Fatigué – fatigués – fatiguées) de l'hiver, les personnes âgées attendent impatiemment les premières chaleurs du printemps.

B La fée du jardin, blonde et (frisée – frisé – frisées), dépose des perles de rosée sur les fleurs.

C (Caché – cachés – cachées) dans leur fort de glace, les enfants guettent leurs adversaires.

7. Retrouve les membres de ton équipe.

- Ensemble, cherchez comment détecter les cas où l'accord de l'adjectif et de l'adjectif participe est plus difficile.

- Servez-vous des phrases qui suivent pour illustrer les moyens que vous avez trouvés.

- Discutez de ces moyens avec l'ensemble de la classe.

A Des skieurs se rendent à la montagne enchantée dans l'autobus rouillé du bonhomme Hiver.

B Par une radieuse journée ensoleillée, les enfants adorent jouer dans la neige.

C Remplis d'enthousiasme, les enfants dévalent les pentes sur leurs planches à neige.

8. Ton poème contient-il des cas semblables à ceux que tu viens d'observer, c'est-à-dire des cas où l'accord de l'adjectif et de l'adjectif participe est plus difficile ? Si oui, vérifie si les accords sont bien faits.

3. Transcris ton poème au propre. Pense à la disposition et aux illustrations qui le rendront intéressant à lire. N'oublie pas de signer ton poème.

4. Dans ton poème, relève cinq mots que tu as trouvés difficiles à orthographier.

- Si tu ne l'as pas déjà fait, vérifie l'orthographe de ces mots dans ta liste orthographique ou dans un dictionnaire.
- Trouve un moyen de retenir l'orthographe de ces mots.
- Transcris-les dans ton cahier ou dans ton carnet d'orthographe.

Orthographe d'usage

9. Voici des adjectifs qui se terminent par les sons [é], [i] et [u].

âgé, blessé, cassé, aigu, gêné, ému, fatigué, fleuri, gêné, inconnu, joli, nu, pointu, poli, usé

- Classe ces adjectifs en trois colonnes selon leur terminaison.
- Forme un groupe du nom avec chacun de ces adjectifs. Le nom doit être féminin, mais il peut être au singulier ou au pluriel.
- Mémorise l'orthographe de ces adjectifs.

10. Fais des regroupements parmi les mots suivants afin de t'aider à retenir leur orthographe.

soleil, automne, champ, neige, bourgeon, autrefois, hiver, île, neiger, enneigé, image, longtemps, ensoleillé, autrement, printemps, pigeon, champêtre, histoire, plongeon, temps, imagination, hier

- Tu peux faire autant de regroupements que tu le désires. Tous les mots doivent faire partie d'au moins un regroupement.
- Explique ensuite les regroupements que tu as faits aux membres de ton équipe.

11. Les mots suivants appartiennent à différentes familles de mots. Observe leurs ressemblances et leurs différences, puis mémorise-les.

poème – poète – poétique – poésie

saison – saisonnier

printemps – printanier

été – estival

hiver – hivernal

automne – automnal

Un bouquet de saisons

Ton poème est-il prêt ? Le moment est venu de le joindre à ceux de tes camarades pour en faire un recueil qu'on aura plaisir à lire.

1. Discute avec tes camarades de la forme de votre recueil.
- Dans quel ordre présenterez-vous vos poèmes : en fonction des saisons, de la forme des poèmes ou autrement ?
- Donnerez-vous un titre à votre recueil ? Qui fera la page couverture ?
- Ferez-vous une table des matières ? Qui s'en chargera ?

2. Participe aux tâches qui restent pour terminer votre recueil. Avec les élèves de ta classe, offre-le à la personne responsable de la bibliothèque de l'école.

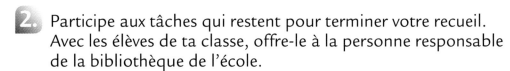

3. Fais le bilan de ce projet avec tes camarades.
- Êtes-vous satisfaits du recueil de poèmes que vous avez constitué ? Qu'est-ce qui vous rend le plus fiers ?
- L'idée que vous aviez de la poésie a-t-elle changé au cours du projet ?
- Aimeriez-vous lire d'autres poèmes ? Si oui, sur quels sujets ?
- Quelle forme de poèmes (calligrammes, haïkus, poèmes en rimes, en vers libres) avez-vous préférée ?

4. Fais ton bilan personnel dans ton journal de bord en répondant aux questions qui suivent.
- As-tu préféré lire des poèmes ou en composer un ? Pourquoi ?
- As-tu eu de la difficulté à trouver des idées pour composer ton poème ?
- Au début du projet, tu t'étais fixé un défi en communication orale. Qu'est-ce que tu as fait pour le relever ?

Projet 6

Le cœur en fête

Ce sera bientôt le temps des fêtes. La frénésie s'empare des gens. Les décorations, la musique, les odeurs... tout invite à la fête ! Toi, que feras-tu pour célébrer avec tes camarades de classe ?

Le but du projet

Dans ce projet, tu vas participer à l'organisation et à l'animation d'une grande fête dans ta classe.

Les étapes à suivre

1. Tu vas d'abord t'interroger sur ce que le temps des fêtes représente pour toi.

2. Tu vas ensuite rédiger un message pour un ou une camarade de ta classe.

3. Tu vas préparer une activité qui mettra de la joie dans cette fête.

4. Tu vas participer à la fête et animer l'activité que tu as préparée. Puis, tu vas faire le bilan de ce projet.

Tu vas apprendre à :

- utiliser des termes précis pour communiquer tes connaissances ;
- t'interroger sur tes valeurs personnelles ;
- construire correctement les phrases négatives ;
- améliorer les phrases d'un texte ;
- accorder les verbes ;
- résoudre des problèmes ;
- employer des méthodes de travail efficaces ;
- lire des textes variés ;
- travailler en coopération ;
- communiquer de façon efficace.

Un mot pour faire plaisir

Au cours de la fête, tu auras l'occasion d'offrir un cadeau à un ou une camarade : un message qui restera longtemps gravé dans sa mémoire.

Planification

1. Tire un nom pour savoir à qui tu adresseras ton message.

2. Quel message aimerais-tu écrire à cette personne ? Lis les suggestions qui suivent, puis précise le but de ton message. Tu pourrais :
- lui faire des vœux pour la nouvelle année, des vœux humoristiques, peut-être ;
- la féliciter pour une de ses qualités ou pour un événement où elle s'est fait remarquer ;
- lui écrire un message d'amitié, lui dire combien tu l'apprécies ;
- lui donner des conseils ou lui faire des suggestions pour la nouvelle année ;
- décrire un cadeau que tu aimerais lui faire.

3. Comment vas-tu présenter ton message ? Tu pourrais :
- composer un poème ;
- écrire une lettre ou une carte ;
- faire un acrostiche ;
- inventer un personnage qui fait un vœu.

À l'occasion des fêtes, je t'offre
Mes meilleurs vœux pour une année
Incroyable
Trépidante
Idéale et
Épatante

Rédaction et révision

1. Écris ton message au brouillon.

- Laisse de l'espace pour améliorer ton texte.
- À mesure que tu rédiges ton texte, note les mots et les passages que tu veux revoir plus tard.

2. Relis ton texte en répondant aux questions suivantes.

- Est-ce que ton message exprime bien ta pensée ?
- Est-il suffisamment clair pour que la personne à qui tu l'offriras comprenne bien ce que tu veux dire ?

LES MOTS ET LES PHRASES

Syntaxe et vocabulaire

Tu vas :

Construire correctement les phrases négatives

1. Sais-tu distinguer les phrases positives des phrases négatives ? Vérifie tes connaissances en disant quelles phrases sont positives et lesquelles sont négatives dans le texte *Drôle de message*. Explique comment tu fais pour les distinguer.

Utilise ton cahier au besoin.

Drôle de message

Cher Alexis,

Je te souhaite une nouvelle année pleine de surprises. Si tu veux que cette année soit belle, suis bien mes conseils. Ne dévore plus les livres. Les personnages en resteraient marqués pour la vie. Garde toujours une chenille dans ton cou. Avec elle, tu n'auras jamais froid. Chaque fois que tu le peux, chante à tue-tête pour réjouir tes amis. Ne mets plus tes doigts dans ta soupe pour vérifier si elle est prête à manger.

2. Une phrase négative contient toujours deux mots de négation :
« ne... pas », « ne... jamais », « ne... plus », « ne... rien ».

Attention! Quand tu parles, tu emploies souvent un seul mot de négation ; quand tu écris, tu dois en mettre deux dans ta phrase.

Tu dis : « Je sais **jamais** quel cadeau offrir à mon amie. »

Tu dois écrire : « Je **ne** sais **jamais** quel cadeau offrir à mon amie. »

3. Forme une équipe avec un ou une camarade. Ensemble, composez trois phrases négatives et soulignez les mots de négation.

Tu vas :

Améliorer
les phrases
d'un texte

4. Monica a rédigé un texte dans son journal de bord. En voici un extrait. Elle voudrait le rendre plus intéressant. Avec un ou une camarade, fais-lui des suggestions. Ensemble, vous pouvez :

- ajouter des mots ou des groupes de mots ;
- déplacer des groupes de mots ;
- remplacer des mots ou des groupes de mots par d'autres.

Extrait du journal de Monica

Les élèves sont excités ce matin. Les élèves préparent une fête. Les équipes préparent des jeux, des histoires, un repas et des numéros d'artistes. Mon équipe veut organiser un jeu-questionnaire.

Correction

1. Relis chaque phrase de ton texte en te posant les questions suivantes.

- La phrase est-elle bien ponctuée et bien construite ?
- Traduit-elle bien ta pensée ? Tu peux ajouter, déplacer ou remplacer des groupes de mots pour améliorer ton texte.
- As-tu employé des phrases négatives ? Si oui, vérifie si elles sont bien construites.

L'ORTHOGRAPHE

Orthographe grammaticale

Tu vas :

Accorder les verbes

1. Le texte *Des Noël merveilleux* contient des verbes difficiles à accorder. Place-toi en équipe avec un ou une camarade. Ensemble,

- expliquez l'accord des verbes soulignés ;
- dites ce qui rend l'accord de ces verbes difficile ;
- communiquez vos réflexions aux élèves de la classe.

> Utilise ton cahier au besoin.

Des Noël merveilleux

Tous les Noël, grand-père lit des histoires à ses petits-enfants. Il les <u>raconte</u> si bien que les enfants sont toujours émerveillés. Ils lui <u>disent</u> souvent : « Grand-père, tes histoires nous <u>font</u> toujours rire. Où les as-tu trouvées ? » Avec ses yeux pétillants, le vieillard leur <u>répond</u> : « Quand vous serez aussi vieux que moi, je vous <u>dirai</u> mon secret. »

2. Avec ton ou ta camarade, explique à la classe comment tu ferais pour repérer ces verbes difficiles s'il y en avait dans un de tes textes.

3. Pour chacune des phrases suivantes, choisis parmi les verbes entre parenthèses celui qui est bien orthographié. Explique ton choix à tes camarades.

A Grand-mère invente des histoires en s'inspirant de la nature. Elle les (raconte – racontes – racontent) ensuite à ses petits-enfants.

B Dans quelques minutes, je vous (lirez – lirai – liré) un conte de Noël très touchant.

C Marieke a apporté du bon chocolat belge en classe et les enfants le (goûte – goûtes – goûtent) immédiatement.

4. Dans les phrases semblables à celles que tu viens d'observer, tu peux facilement faire une erreur en accordant le verbe. Voici pourquoi certains verbes sont difficiles à accorder.

- Le verbe est précédé d'un pronom qui n'est pas sujet.

  Ex. : Je **vous** lirai une histoire touchante.
  Les histoires de grand-père **nous** feront rire aux éclats.

  Ces pronoms sont, le plus souvent : « le », « la », « les », « lui », « leur », « nous » et « vous ».

- Souvent, la prononciation du verbe n'aide pas à trouver la manière de l'écrire.

  Ex. : « lirai » ou « lirez » ?
  « feront » ou « ferons » ?

Quand tu rencontres un de ces cas, tu dois redoubler de vigilance : tu dois bien chercher le sujet.

2. Relis ton texte une phrase à la fois en suivant les étapes ci-dessous.

- Vérifie les accords dans les groupes du nom.
- Assure-toi que tous les verbes sont bien accordés ; surveille les verbes précédés d'un pronom qui n'est pas sujet.
- Consulte ta liste orthographique ou un dictionnaire pour vérifier l'orthographe d'usage des mots.

3. Dans ton texte, relève cinq mots que tu as trouvés difficiles à orthographier. Transcris-les dans ton cahier ou dans ton carnet d'orthographe et observe-les attentivement. Mémorise-les.

4. Pense à la forme de ton message et à la personne à qui tu le donneras.

- Comment disposeras-tu ton texte ? Veux-tu l'illustrer ?
- Transcris-le à la main en soignant ton écriture ou à l'ordinateur, à l'aide d'un logiciel de traitement de texte.
- N'oublie pas de signer ton message.

Orthographe d'usage

5. Voici des mots reliés au thème du projet. Observe-les et mémorise leur orthographe en utilisant la stratégie que tu connais déjà.

année, bougie, calendrier, cloche, fête, fêter, guirlande, Noël, souhait, souhaiter, vœu

6. Un nom a généralement un seul genre.

Ex. : « Calendrier » est un nom masculin. On dit « un calendrier ».

« Fête » est un nom féminin. On dit « une fête ».

Connais-tu le genre des noms suivants ? Transcris ces mots en plaçant un déterminant masculin ou féminin devant chacun, puis mémorise leur orthographe.

habit, autobus, avion, incendie, éclair, orteil

Tu vas :

Former le féminin de certains noms

7. Plusieurs noms de personnes ont une forme masculine et une forme féminine différentes, comme « un jumeau - une jumelle ». Parfois, ce sont même deux noms complètement différents, comme « un oncle - une tante ».

Complète les colonnes en trouvant soit le masculin, soit le féminin. Mémorise ensuite l'orthographe de ces mots.

cousin   ▬▬▬▬

▬▬▬▬   compagne

copain

frère

▬▬▬▬   fille

▬▬▬▬   grand-mère

▬▬▬▬   madame

neveu

prince

▬▬▬▬   reine

voisin

8. Fais un tableau en deux colonnes, une pour le masculin et l'autre pour le féminin.

- Transcris les noms suivants dans la colonne du masculin, en plaçant un déterminant devant chacun.
- Complète ensuite le tableau en trouvant la forme féminine de chaque mot.

Ex. : le campeur, la campeuse

acheteur, campeur, coiffeur, danseur, menteur, nageur, porteur, rêveur, visiteur

9. Observe le tableau que tu viens de compléter. Comment se forme le féminin de ces noms ? Formule dans tes mots la règle que tu as appliquée.

10. Fais un autre tableau semblable à celui de l'activité 8.

- Classe de la même façon les mots de la liste suivante.
- Formule une règle qui explique comment on forme le féminin de ces noms.

acteur, agriculteur, animateur, créateur, cultivateur, dessinateur, directeur, moniteur, protecteur, spectateur

Du cœur à l'ouvrage

Tu vas :

Résoudre
des problèmes

Employer
des méthodes
de travail efficaces

Lire des textes variés

Travailler en
coopération

Préparer une fête peut être aussi passionnant que de fêter !
On anticipe tout le plaisir qu'on aura, on imagine la tête des
participants, on s'entraide, on se taquine, on travaille fort, toujours
le sourire aux lèvres. Mets tout ton cœur à préparer la fête avec les
membres de ton équipe.

 1. Forme une équipe de trois ou quatre personnes. Ensemble,
choisissez une activité parmi les suggestions suivantes. Vous
pouvez aussi en inventer une.

A Animer un conte.

Vous lisez un conte à toute la classe. Deux contes sont
proposés ; deux équipes peuvent donc choisir cette activité.

B Organiser un jeu-questionnaire.

Il faut deux équipes pour préparer cette activité. Chaque équipe
rédige des questions à partir d'un texte sur le temps des fêtes
et se prépare à répondre aux questions de l'autre équipe.

C Chanter des airs de Noël.

Vous interprétez des chants de Noël devant la classe.

D Animer des jeux.

Vous préparez des jeux et vous en expliquez les règles à toute
la classe.

E Décorer la classe.

Vous fabriquez des décorations à partir des modèles fournis.

  Pour que la fête soit réussie, tout le monde doit participer. Voici un rappel de ce qu'il faut faire :

- exprimer ses idées au moment de la planification ;
- se rappeler le but du travail pour bien comprendre ce qu'il y a à faire ;
- offrir son aide à ceux et celles qui en ont besoin ;
- encourager les autres.

Avez-vous d'autres idées pour assurer la réussite de votre travail en équipe ?

 Planifiez votre travail.

- Nommez :
  - un animateur ou une animatrice qui dirigera vos discussions ;
  - un ou une secrétaire qui notera les décisions de l'équipe.
- Pensez à l'activité que vous avez choisie.
  - Comment se déroulera-t-elle ?
  - Avez-vous déjà organisé des activités semblables ? Si oui, comment cela s'est-il passé ?
  - Quelles étapes prévoyez-vous suivre pour préparer votre activité ?
  - Comparez votre démarche à l'une de celles qui sont présentées aux pages 96 à 99 de votre manuel.
  - Quelle démarche suivrez-vous ? Écrivez-la.

 Commencez l'organisation de votre activité en suivant la démarche choisie.

En cours de route, évaluez votre travail. Posez-vous les questions suivantes.

- Est-ce que vous respectez les étapes prévues ? Sinon, pourquoi ?
- Devez-vous modifier votre emploi du temps ?
- L'ambiance dans votre équipe est-elle favorable au travail ? Si oui, qu'est-ce qui la rend agréable ? Sinon, comment pouvez-vous l'améliorer ?
- Apporterez-vous des modifications pour la suite du travail ?

Démarches proposées

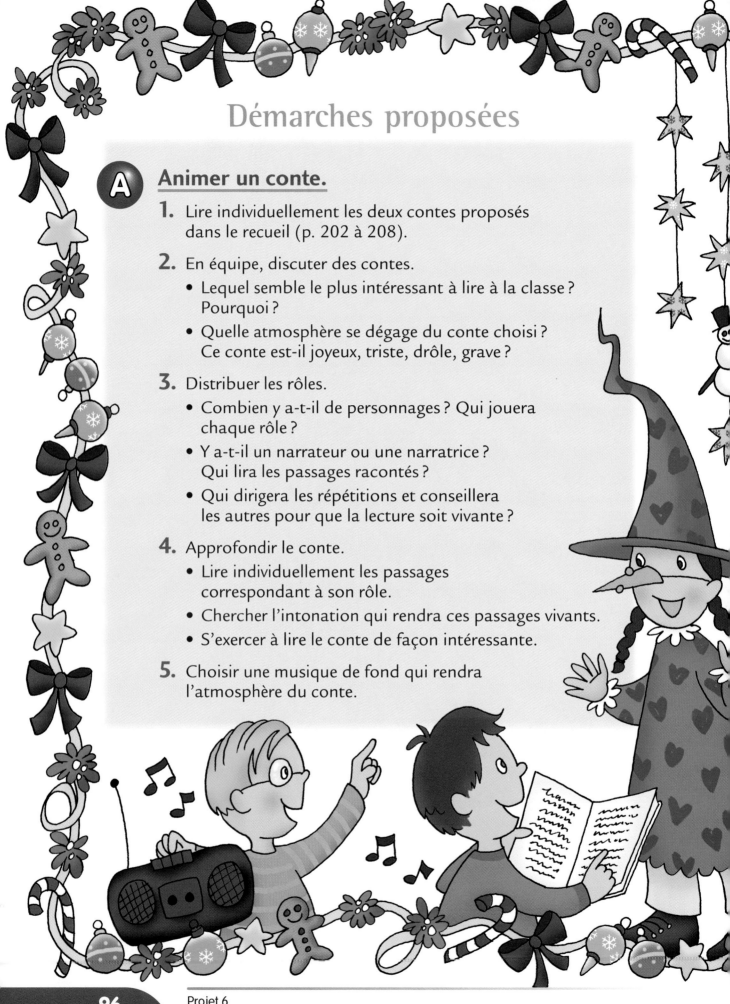

A ## Animer un conte.

1. Lire individuellement les deux contes proposés dans le recueil (p. 202 à 208).

2. En équipe, discuter des contes.
   - Lequel semble le plus intéressant à lire à la classe ? Pourquoi ?
   - Quelle atmosphère se dégage du conte choisi ? Ce conte est-il joyeux, triste, drôle, grave ?

3. Distribuer les rôles.
   - Combien y a-t-il de personnages ? Qui jouera chaque rôle ?
   - Y a-t-il un narrateur ou une narratrice ? Qui lira les passages racontés ?
   - Qui dirigera les répétitions et conseillera les autres pour que la lecture soit vivante ?

4. Approfondir le conte.
   - Lire individuellement les passages correspondant à son rôle.
   - Chercher l'intonation qui rendra ces passages vivants.
   - S'exercer à lire le conte de façon intéressante.

5. Choisir une musique de fond qui rendra l'atmosphère du conte.

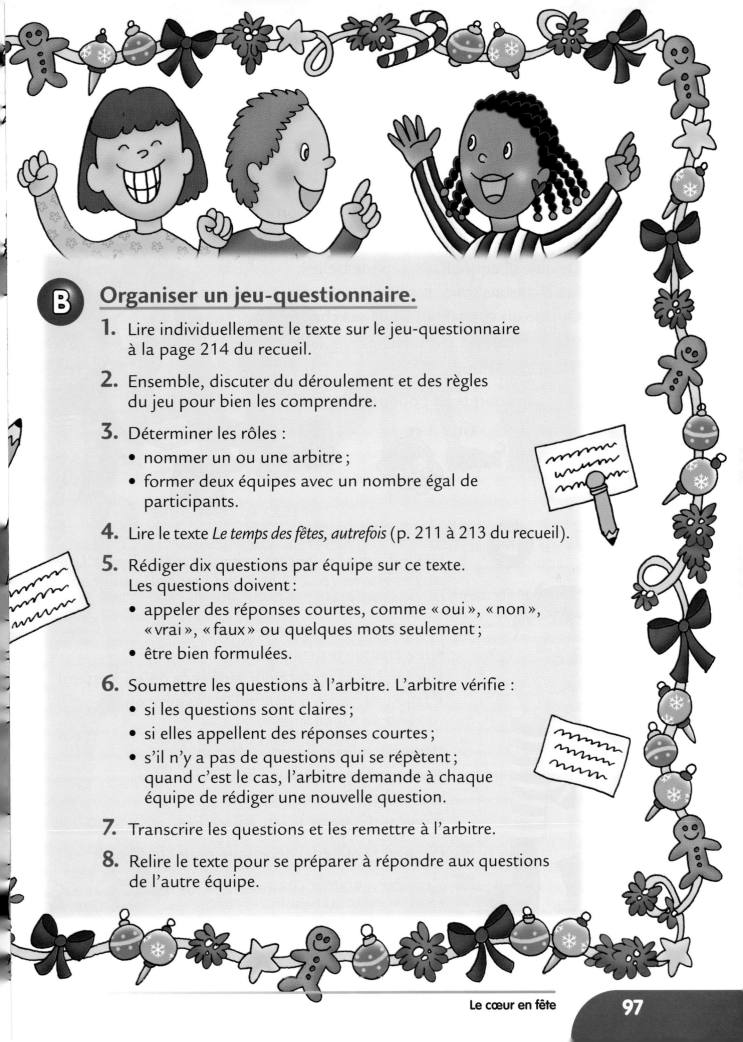

B Organiser un jeu-questionnaire.

1. Lire individuellement le texte sur le jeu-questionnaire à la page 214 du recueil.

2. Ensemble, discuter du déroulement et des règles du jeu pour bien les comprendre.

3. Déterminer les rôles :
- nommer un ou une arbitre ;
- former deux équipes avec un nombre égal de participants.

4. Lire le texte *Le temps des fêtes, autrefois* (p. 211 à 213 du recueil).

5. Rédiger dix questions par équipe sur ce texte. Les questions doivent :
- appeler des réponses courtes, comme « oui », « non », « vrai », « faux » ou quelques mots seulement ;
- être bien formulées.

6. Soumettre les questions à l'arbitre. L'arbitre vérifie :
- si les questions sont claires ;
- si elles appellent des réponses courtes ;
- s'il n'y a pas de questions qui se répètent ; quand c'est le cas, l'arbitre demande à chaque équipe de rédiger une nouvelle question.

7. Transcrire les questions et les remettre à l'arbitre.

8. Relire le texte pour se préparer à répondre aux questions de l'autre équipe.

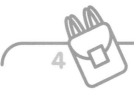
Que la fête commence !

Tout le monde a mis la main à la pâte… On sent de l'impatience et un peu de nervosité dans l'air… La fête peut commencer !

Tu vas :

Résoudre des problèmes

Communiquer de façon efficace

1. Est-ce que tout est prêt ? Donne un coup de main à la préparation de la classe.

2. À chaque équipe maintenant de faire de cette fête un événement excitant !
   - Quand c'est au tour de ton équipe, participe à l'activité.
   - Communique clairement tes consignes ou tes informations.
   - Encourage les autres équipes.

3. À tour de rôle, offrez le message rédigé pour un ou une camarade de la classe.

4. Voici maintenant le temps de faire le bilan. Discute de la fête avec les membres de ton équipe.
   - Étiez-vous bien préparés pour la fête ?
   - Dans l'activité que vous aviez préparée,
     – qu'est-ce qui a bien fonctionné ?
     – avez-vous éprouvé des difficultés ? Si oui, lesquelles ?
     – quelles modifications apporteriez-vous à l'activité ? à votre préparation ?

5. Partagez vos réflexions avec les autres élèves de la classe.

6. Fais maintenant ton bilan personnel dans ton journal de bord. Réponds aux questions de la fiche qu'on te remettra.

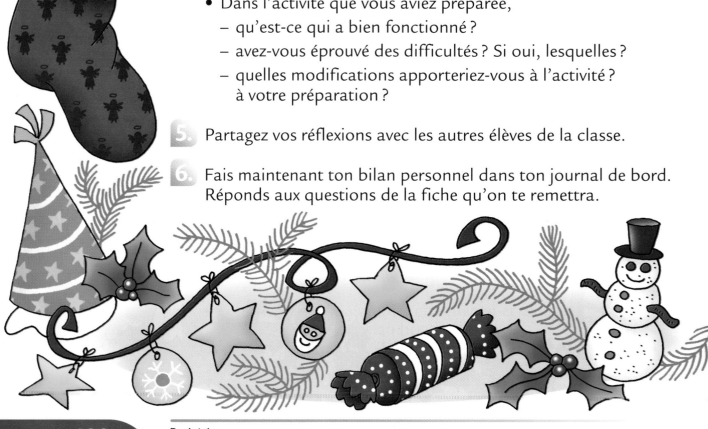

Projet 7

Vivre sa vie

Qu'est-ce que tu veux faire, plus tard? Toute une question, à laquelle tu ne sais peut-être pas quoi répondre. C'est normal, tu as encore le temps d'y penser. Dans ce projet, tu découvriras la vie de personnes qui ont réalisé leur rêve: elles se sont illustrées en littérature, en musique, en science, etc., à force de travail et de persévérance.

Le but du projet

Avec ton équipe, tu vas organiser un kiosque d'information sur une personne qui a marqué l'histoire. Tu visiteras aussi les kiosques de tes camarades.

Les étapes du projet

1. Tu vas t'interroger sur des personnes célèbres que tu connais déjà.
2. Tu vas lire la biographie d'un musicien réputé, Mozart.
3. En équipe, tu vas lire un texte sur une personne qui a marqué son temps.
4. Toujours en équipe, tu vas préparer des affiches sur cette personne.
5. Pour te préparer à la visite des autres kiosques, tu vas rédiger les questions que tu poseras.

6. Avec les membres de ton équipe, tu vas présenter la personnalité que vous avez choisie. Tu vas aussi visiter les kiosques de tes camarades. Puis, tu vas faire le bilan du projet.

Tu vas apprendre à:

- découvrir tes talents et tes aspirations;
- lire des biographies;
- sélectionner des informations dans un texte;
- consulter différentes sources d'information;
- détecter et corriger des erreurs dans un texte;
- formuler des questions;
- accorder le verbe dans une phrase interrogative;
- communiquer tes idées de façon efficace.

101

Un rêve à réaliser

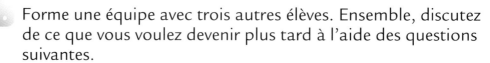

Tu vas :

Découvrir tes talents et tes aspirations

Tu te vois déjà camionneur, peintre ou athlète, à moins que tu ne t'imagines menuisier, architecte ou agricultrice... Peu importe ton métier, l'important, c'est que tu réalises ton rêve, que tu construises ton bonheur comme tu l'entends.

1. Forme une équipe avec trois autres élèves. Ensemble, discutez de ce que vous voulez devenir plus tard à l'aide des questions suivantes.

- Quels talents et quelles qualités dois-tu avoir pour réaliser ton rêve ?
- Possèdes-tu ces talents et ces qualités ? Comment le sais-tu ?
- Qu'est-ce que tu comptes faire pour réaliser ton rêve ?

2. Connais-tu des gens remarquables, des personnes qui ont fait leur marque dans leur domaine d'activité ? Pense à des athlètes, à des artistes, à des personnes que tu connais ou que tu as vues à la télévision.

- Que sais-tu de ces hommes et de ces femmes ?
- Qu'est-ce qui te fait dire que ces personnes sont remarquables ?
- Emploie des mots qui décrivent bien leurs qualités et leurs talents.

3. À ton avis, comment une personne devient-elle célèbre ? Discutes-en avec les élèves de ta classe.

4. Comment fait-on pour connaître des personnes remarquables et célèbres ?

- On entend souvent parler de ces personnes à la télévision. Comment les présente-t-on ? Es-tu d'accord avec l'image qu'on donne d'elles ?

- Tu peux aussi connaître des personnes célèbres en lisant des biographies. Ces ouvrages racontent la vie et les réalisations de personnes connues. Connais-tu ce genre d'ouvrages ? En as-tu déjà lu ?

5. Au cours de ce projet, tu découvriras des personnes reconnues pour leurs réalisations. Tu apprendras à connaître :

- des artistes : Mozart, Charlie Chaplin, La Bolduc ;
- des écrivains : Antoine de Saint-Exupéry, Antonine Maillet ;
- des scientifiques : Jane Goodall, Roberta Bondar ;
- un homme qui a rendu un immense service aux personnes aveugles : Louis Braille.

Peut-être connais-tu déjà certaines de ces personnes ? Partage ces connaissances avec tes camarades.

Quelles personnes célèbres tes grands-parents et les membres de leur génération admiraient-ils ? Discute avec tes camarades de la démarche que tu entreprendrais si tu décidais de répondre à cette question.

Fais-tu partie des mordus de lecture ? Est-ce que tu lis tout ce qui te tombe sous la main ? À la fin de ton manuel (p. 246), tu trouveras des suggestions de biographies extraordinaires.

Une vie courte, mais bien remplie

Autrefois, les gens ne vivaient généralement pas aussi longtemps qu'aujourd'hui. C'est le cas de Mozart, qui est mort à l'âge de 35 ans après avoir composé une œuvre musicale impressionnante.

1. Sais-tu qui a composé cet air très connu : *Ah ! Vous dirai-je, maman ?* Eh oui ! c'est Wolfgang Amadeus Mozart. As-tu déjà entendu parler de lui ?

2. Lis cette courte biographie de Mozart. Elle te permettra d'en connaître davantage sur lui.

Mozart

Un enfant prodige

Tout apprenti musicien fait, un jour ou l'autre, la connaissance de Mozart. Sa musique touche par sa simplicité et sa vivacité. On dit même que, parmi toutes les œuvres classiques, les enfants préfèrent celles de Mozart.

Musicien à cinq ans

Wolfgang Amadeus Mozart fut plongé dès sa naissance dans un monde de musique. Né le 27 janvier 1756 d'un père violoniste et compositeur et d'une mère elle aussi violoniste, il passa son enfance à Salzbourg, en Autriche[1]. C'était un enfant frêle et de santé fragile. Des sept enfants de la famille, seuls Wolfgang Amadeus et Anna Maria, sa sœur aînée, survécurent.

Mozart, au clavecin, avec son père et sa sœur.

---

1. L'Autriche est un pays d'Europe, situé près de la Suisse et de l'Italie.

Son père, Léopold Mozart, lui enseigna très tôt la musique. Dès l'âge de cinq ans, avec l'aide paternelle, le petit Mozart composa deux pièces pour le clavecin. Jeune virtuose du clavier et du violon, il pouvait interpréter avec facilité les morceaux les plus compliqués et improviser à sa guise. Vers l'âge de 11 ans, il composait déjà ses premières œuvres.

En tournée à travers l'Europe

Voyant la passion et les dons exceptionnels de Wolfgang pour la musique, son père entreprit, en 1762, une tournée de concerts dans différents pays d'Europe. Le jeune Mozart n'avait que 6 ans, et Anna Maria, 11 ans.

Pendant quatre ans, ils jouèrent devant les rois, les princes et les nobles. Ceux-ci étaient émerveillés par le jeune prodige et organisaient des fêtes en son honneur. Au cours de cette tournée, le jeune Mozart fit la rencontre de grands compositeurs qui, plus tard, influenceront sa musique.

La tournée terminée, Wolfgang poursuivit sa formation musicale à Salzbourg avec de grands maîtres comme Haydn. Quelque temps après, il partit pour l'Italie. Ce premier voyage vers le royaume de la musique se transforma en tournée triomphale. De retour dans sa ville natale, le jeune musicien, alors âgé de 16 ans, entreprit de subvenir à ses besoins en exerçant son art.

Le besoin de liberté

À l'époque de Mozart, les musiciens étaient engagés par les souverains et les gens riches. Pour gagner leur vie, ils composaient et interprétaient les œuvres qu'on leur commandait, la plupart du temps à l'occasion de fêtes officielles ou de cérémonies religieuses.

C'est ainsi que Mozart commença sa carrière à l'archevêché de Salzbourg. Mais ce genre de vie ne lui plaisait pas. Il avait besoin d'une plus grande liberté. Il désirait donner des concerts de façon régulière et composer selon son inspiration; il en avait assez de remplir les commandes des puissants. Il quitta donc sa ville pour Vienne, où il put écrire la musique qui lui plaisait et enseigner.

Sa réussite à Vienne lui permit de louer un appartement coquet et de vivre dans l'aisance. En août 1782, il épousa Constance Weber. Ensemble, ils eurent six enfants, dont deux seulement survécurent: Karl Thomas et Franz Xaver.

Le jeune Mozart était un musicien accompli.

Une personnalité à découvrir

Les personnes célèbres ont travaillé fort, souvent dans l'ombre, pour réaliser leur projet. Tu vas le constater en retraçant la vie de l'une d'elles.

Tu vas :

Lire une biographie

Sélectionner des informations dans un texte

Consulter différentes sources d'information

1. Dans le recueil, tu trouveras des biographies de personnes qui ont accompli de grandes choses.
   - Consulte la liste des biographies à la page 221 du recueil.
   - Choisis la personnalité qui t'intéresse.

2. Forme une équipe avec des élèves qui s'intéressent à la même personne que toi.
   - Rappelez-vous le but de votre lecture.
   - Lisez la fiche biographique qu'on vous remettra pour savoir quelles informations chercher.
   - Survolez le texte choisi pour repérer ces informations.
   - Servez-vous de la stratégie que vous venez d'apprendre pour trouver les informations.

3. Voulez-vous en savoir davantage sur la personne choisie ?
   - Formulez les questions auxquelles vous aimeriez répondre.
   - Déterminez où et comment vous allez trouver ces informations. Voici deux suggestions :
     – en consultant des sites Internet ;
     – en cherchant des biographies à la bibliothèque.

4. Relisez vos fiches. Vérifiez si elles contiennent suffisamment d'informations pour bien décrire la personne choisie et susciter l'intérêt de vos camarades.

4 Écriture

Des faits mémorables

Tu vas :

Détecter et corriger des erreurs dans un texte

Maintenant, tu connais mieux une personne qui a influencé son milieu et son époque. Il te reste à la présenter à tes camarades.

Planification

Avec ton équipe, tu vas préparer des affiches sur la personnalité que vous avez choisie. Chaque membre de l'équipe fera une affiche.

- Relisez vos notes pour revoir les informations que vous avez trouvées.

- Choisissez les informations qui sauront attirer les visiteurs à votre kiosque.

- Pensez à la manière de faire vos affiches pour piquer leur curiosité.

- Déterminez le contenu de chaque affiche.

Rédaction et révision

1. Fais un brouillon de l'affiche dont tu as la responsabilité.

- Laisse assez d'espace pour retravailler ton texte par la suite.

- Mets un signe au-dessus des mots dont tu doutes de l'orthographe.

2. Relis le texte de ton affiche afin de vérifier s'il est clair et intéressant. Indique les modifications que tu aimerais y apporter.

3. Retrouve les membres de ton équipe. Ensemble, lisez chaque texte.
- Vérifiez si le texte est clair et si les informations sont exactes.
- Assurez-vous que le texte saura attirer l'attention des visiteurs.
- Au besoin, suggérez des modifications.

4. Fais les modifications qui t'ont été suggérées par les membres de ton équipe. Relis ton texte pour t'assurer qu'il est clair.

Correction

1. Tu as déjà appris à détecter les erreurs dans un texte. C'est ce que tu vas faire maintenant avec les membres de ton équipe.
Nommez un ou une spécialiste pour chacun des aspects suivants :
- la structure des phrases et la ponctuation ;
- les accords dans le groupe du nom ;
- l'accord des verbes ;
- l'orthographe d'usage (y compris la majuscule aux noms propres).

2. Utilisez le code suivant pour indiquer les erreurs dans les quatre textes. Vous indiquez les erreurs sans les corriger.

Attention ! Vous ne relevez que les erreurs de votre spécialité.

S = erreur de **s**tructure de phrase ou de ponctuation

GN = erreur d'accord dans un **g**roupe du **n**om

V = erreur d'accord d'un **v**erbe

U = erreur d'orthographe d'**u**sage

3. Reprends ton texte et corrige toutes les erreurs trouvées en équipe. Si tu as des doutes sur une correction ou si tu ne sais pas comment corriger une erreur, consulte l'élève qui l'a indiquée et demande-lui des explications.

4. Transcris ton texte et termine ton affiche. Tu peux utiliser un logiciel de traitement de texte pour faire la mise en pages.

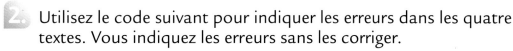

L'ORTHOGRAPHE

Orthographe d'usage

1. Le mot « biographie » est formé de deux mots qui viennent du grec : *bio,* qui veut dire « vie », et *graphie,* qui signifie « écrit ». Voici quelques mots formés avec le suffixe « graphie ». Observe leurs ressemblances et leurs différences, puis mémorise-les.

> Utilise ton cahier au besoin.

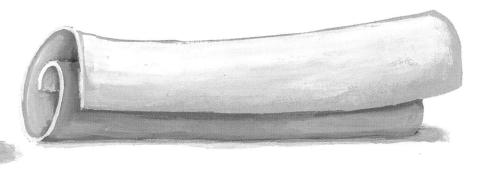

biographie, photographie, radiographie, géographie, calligraphie

Remarque : Un suffixe est un mot ou une partie de mot qu'on ajoute à la fin d'un mot pour en former un nouveau.

2. On peut aussi former des mots en ajoutant un préfixe.

Ex. : «Défaire» est formé du préfixe «dé» et du verbe «faire».

Remarque : Un préfixe est un mot ou une partie de mot qu'on ajoute au début d'un mot pour en former un nouveau.

Observe et mémorise les familles de mots suivantes.

courage - découragé

ménage - déménager

panne - dépanneur - dépanneuse - dépanner

place - placer - déplacer - déplacement

plaire - déplaire

ranger - rangement - déranger

habit - habiller - déshabiller

obéir - obéissant - désobéir - désobéissant

ordre - désordre

3. Plusieurs mots qui désignent des métiers se terminent par «er». Au féminin, la terminaison «er» se transforme en «ère».

Ex. : boulanger - boulangère

Transcris les mots suivants et trouve leur forme féminine. Mémorise ensuite ces mots.

berger, boulanger, cordonnier, couturier, infirmier, journalier, laitier, menuisier, ouvrier, policier

4. On trouve aussi des noms de métiers qui se terminent par «ien». Trouve le féminin de ces noms. Mémorise ces mots.

musicien, électricien, magicien, mécanicien

Des questions à poser

Imagine un instant Louis Braille, Charlot ou La Bolduc en visite dans ta classe... Tu pourrais leur poser une foule de questions ! Bien sûr, c'est impossible ! Mais tu peux quand même connaître un peu de leur vie. Demande aux élèves qui ont lu leur biographie de te parler d'eux. Prépare tes questions à l'avance pour obtenir des réponses intéressantes.

Planification

Pense à ce que tu aimerais savoir sur l'une des personnalités étudiées par une autre équipe.

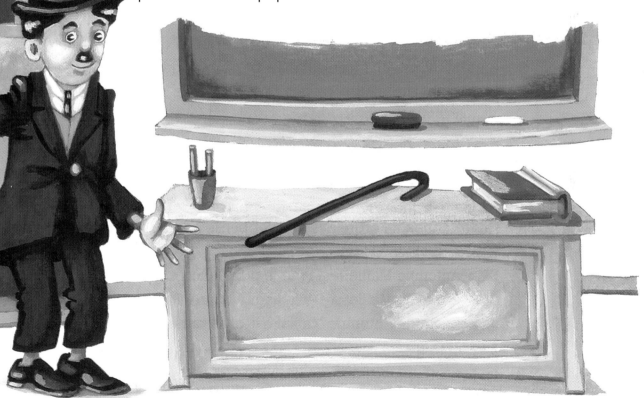

Rédaction et révision

1. Écris tes questions au brouillon.

2. Relis tes questions pour vérifier si elles expriment bien ce que tu veux savoir.

2. Vérifie l'orthographe des verbes dans les questions que tu as rédigées.

- Les verbes sont-ils bien accordés ?
- As-tu mis un trait d'union entre le verbe et le pronom sujet qui le suit ?
- As-tu ajouté « -t- » entre le verbe et le pronom quand c'était nécessaire ?

3. Poursuis la révision orthographique de tes questions. Relis-les une à la fois et vérifie :

- les accords dans les groupes du nom ;
- l'orthographe d'usage de tous les mots.

4. Transcris tes questions au propre. Elles te seront utiles quand tu visiteras les kiosques.

Un kiosque d'information

Voici venu le moment de partager tes connaissances avec tes camarades. Prépare-toi à leur présenter une personne admirable.

1. Retrouve les membres de ton équipe. Ensemble, décidez ce que vous direz aux visiteurs de votre kiosque.

   - Relisez vos notes de lecture.
   - Choisissez les informations que vous voulez présenter.
   - Faites le plan de votre communication.

2. Exercez-vous à exprimer clairement vos idées en faisant attention à votre prononciation.

3. Organisez votre kiosque et installez les affiches que vous avez préparées.

4. Lorsque c'est ton tour, présente clairement ton sujet et réponds aux questions qu'on te pose.

5. Au moment de ta visite des autres kiosques, pose toutes les questions que tu as rédigées afin de recueillir le plus d'informations possible. Prends des notes pour te rappeler ce que tu apprends.

6. Fais le bilan de ce projet avec ton équipe à partir des questions suivantes.

   - Au cours de ce projet, vous avez connu des personnes remarquables. Lesquelles avez-vous préférées ? Pourquoi ?
   - Avez-vous le goût de lire d'autres biographies ? Qui aimeriez-vous connaître ?

7. Partage avec les élèves de ta classe ce que tu retiens de ce projet.

8. Fais ton bilan personnel dans ton journal de bord. Réponds aux questions de la fiche qu'on te remettra.

Recueil
de textes

Un homme et une femme vivaient dans une ferme. Un jour, la femme dit à son mari qu'elle aimerait avoir un enfant même si celui-ci n'était pas plus grand qu'un doigt.

Merlin l'enchanteur entendit la femme et décida d'exaucer son vœu. C'est ainsi qu'un bon matin le mari trouva un minuscule enfant endormi dans une fleur. On l'appela Tom Pouce parce qu'il n'était pas plus grand qu'un pouce.

Les aventures de Tom Pouce

Tom Pouce n'avait pas que des qualités. Il avait aussi un gros défaut : il était curieux. Le malheureux fut bien puni de sa curiosité, et voici comment.

Un matin, tandis que sa mère était allée au village faire quelques achats, Tom Pouce grimpa sur la table. Dans une jatte recouverte d'une feuille de papier reposait la pâte destinée aux crêpes du goûter.

Tom Pouce voulut voir ce que contenait la jatte. Pour en atteindre le rebord, il s'aida d'une fourchette qui se trouvait là. Mais, lorsqu'il souleva la feuille de papier, il glissa et dégringola la tête la première dans la jatte.

Sa mère, qui rentrait à ce moment-là, vit une forme qui s'agitait dans la pâte. Elle crut qu'une souris venait d'y tomber.

Saisissant la jatte, elle en vida le contenu par la fenêtre et Tom Pouce fut précipité avec.

Un meunier passait par là, chantant à tue-tête. Ce fut lui qui reçut le contenu de la jatte dans sa bouche grande ouverte. Il l'avala d'un coup.

Sur le moment, il n'y prêta guère attention et continua son chemin en se frottant l'estomac avec satisfaction, tandis que son âne, trottinant, l'emmenait bientôt loin du village.

Mais, lorsqu'il voulut se remettre à chanter, le meunier prit peur. Aucun son ne sortit de sa gorge où quelque chose le chatouillait désagréablement.

Au point qu'arrivé chez lui, le meunier se coucha, se sentant très malade.

La femme du meunier fit venir tous les médecins du pays. Mais ils ne comprenaient goutte à cette étrange maladie.

Le meunier se plaignait d'avoir un « chat » dans la gorge et rien ne parvenait à l'en débarrasser. Les médecins préparèrent des onguents, des sirops et des gargarismes. Tandis qu'ils s'affairaient, le meunier fut pris d'une quinte de toux violente.

Soudain Tom Pouce, qui, vous l'imaginez, n'était pas à son aise dans la gorge du meunier, fut projeté dans les airs.

Il retomba sur le lit du brave homme qui fut bien étonné, vous pouvez m'en croire. Les médecins n'étaient pas du tout contents de voir que l'on s'était ainsi moqué d'eux. Et ils partirent après avoir réclamé plusieurs pièces d'or pour le dérangement.

Quant au meunier, furieux de son aventure, il empoigna Tom Pouce et le jeta dans la rivière qui coulait sous la fenêtre du moulin.

Il était dit que Tom devait être toujours avalé par quelqu'un. Un gros poisson, qui nageait du côté de la roue du moulin, vit ce petit bonhomme qui gigotait, le prit pour un ver et le goba.

Extrait de Hélène FATOU, *Les aventures de Tom Pouce*, Paris, Gautier-Languereau/Hachette Livre, 1980. © Gautier-Languereau/Hachette Livre.

Voici l'histoire de Chilly Billy. C'est un tout petit bonhomme qui vit dans le réfrigérateur, d'où son nom « Chilly », qui veut dire « frisquet » en anglais.

Chilly Billy, le petit bonhomme du frigo

Personne, pas même Chilly Billy, n'a d'aventures absolument tous les jours. Il a aussi ses journées de travail, ses journées boulot-boulot, comme chacun de nous. Mais ses journées de travail à lui ne ressemblent pas du tout aux nôtres.

La journée de Chilly Billy démarre avant le lever du jour, longtemps avant que tu songes seulement à te lever. Et ce qu'il attaque en premier, c'est son quart d'heure de gymnastique.

Il saute à bas de son lit et commence par se plier en deux pour aller toucher ses orteils, une fois, deux fois, dix fois […]

Ensuite, un peu de *jogging*. Au petit trot, il parcourt les parois, enjambe les boîtes et les bouteilles, fait trois fois le tour des bacs à glaçons.

[…]

Il s'estime alors prêt pour son exercice préféré, qui est aussi le plus difficile.

Tu as sans doute remarqué que les clayettes d'un frigo sont faites, comme une grille, de minces barres parallèles. Eh bien, pour Chilly Billy, c'est l'appareil idéal pour des exercices à l'échelle, un peu comme font les trapézistes au cirque, si tu préfères. Il s'y suspend et, prestement, il se balance de barre en barre, par les bras d'abord, puis par les pieds... Il tournoie, il s'élance, il plane. De la vraie haute voltige.

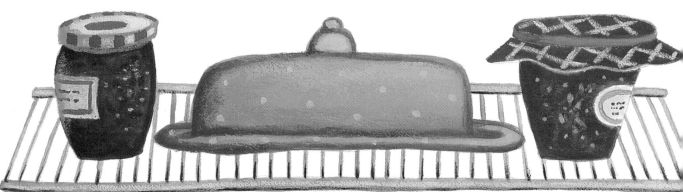

Ces exercices sont dangereux, bien sûr. Qu'arriverait-il si Billy tombait?

Il est bien évident que, dans un frigo, il n'est pas question de tendre un filet de sécurité. Alors? Alors Billy, qui n'est pas fou, prend toujours soin d'installer sous lui, avant ses acrobaties, une bonne tranche de fromage [...]

[...]

Après sa gymnastique, Billy prend son bain: il se roule avec délices contre le givre accumulé au fond du compartiment froid. C'est très rafraîchissant, à ce qu'il dit, et ça vous prépare merveilleusement à une dure journée de labeur.

Il est encore très tôt, après ça, même s'il y a déjà un bout de temps que Chilly Billy se démène. En fait, il est tout juste l'heure de notre petit déjeuner à nous.

Pour Chilly Billy, c'est une heure de pointe, une heure de grande activité. C'est qu'il lui faut tout préparer, jusqu'au plus petit détail; n'oublions pas que, vers ces heures-là, ce sont au moins trois ou quatre personnes qui, chaque matin, viennent fureter dans le frigo.

Et puis tu sais bien comme on est, en général, au saut du lit. Les yeux à peine en face des trous, les paupières lourdes [...]

Bon, c'est la même chose pour tout le monde, et Chilly Billy le sait très bien. Il sait combien nous sommes maladroits, tous, plus ou moins, au petit matin. Il sait que le risque est grand de voir renverser le jus d'orange par une main qui cherche le beurre. Et qui devra nettoyer, après ça? Mieux vaut prévenir que guérir, se dit sagement Chilly Billy.

Extrait de Peter MAYLE, *Chilly Billy, le petit bonhomme du frigo*, Paris, Castor Poche Flammarion, 1985.

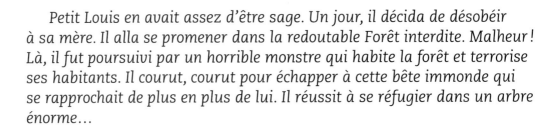

Petit Louis en avait assez d'être sage. Un jour, il décida de désobéir à sa mère. Il alla se promener dans la redoutable Forêt interdite. Malheur ! Là, il fut poursuivi par un horrible monstre qui habite la forêt et terrorise ses habitants. Il courut, courut pour échapper à cette bête immonde qui se rapprochait de plus en plus de lui. Il réussit à se réfugier dans un arbre énorme…

Les Minuscules

Alors, une chose étrange se produisit. Près de Petit Louis, il y avait une énorme branche sur laquelle un petit bout d'écorce, pas plus gros qu'un timbre-poste, bougeait. Il se fendait par le milieu et les deux moitiés se déplaçaient lentement sur le côté, comme les volets d'une minuscule fenêtre.

Petit Louis fixait ce phénomène extraordinaire, envahi par un curieux sentiment de malaise. Il avait l'impression que l'arbre sur lequel il était perché et le feuillage alentour faisaient partie d'un autre monde qu'il n'avait pas le droit de pénétrer.

Les minuscules volets s'ouvraient de plus en plus, révélant une petite fenêtre carrée installée avec soin dans la courbe de la branche.

À cette fenêtre, où brillait une lueur jaunâtre, Petit Louis aperçut un visage minuscule ; il avait surgi brusquement de nulle part.

C'était la figure d'un très vieil homme à cheveux blancs. Petit Louis l'apercevait nettement, bien qu'elle ne fût pas plus grosse qu'un pois.

Le petit être fixait l'enfant avec une expression de grande sévérité. Sa peau était profondément ridée mais ses yeux brillaient comme des étoiles.

Un événement encore plus singulier survint. Tout autour de lui, sur le tronc de l'arbre et sur les branches, d'autres minuscules fenêtres s'ouvraient, révélant des petits visages attentifs.

Il y avait des hommes, des femmes et quelques enfants dont la tête n'était pas plus grosse qu'une tête d'allumette.

[...]

Le très vieil homme sembla dire quelque chose, mais dans un si doux murmure que Petit Louis dut se pencher pour l'entendre.

— Tu es bloqué, disait la voix. Tu ne peux pas descendre sous peine d'être mangé et tu ne peux pas rester ici toute ta vie.

— Je sais, je sais, bredouilla Petit Louis.

— Ne crie pas, dit le petit homme.

— Je ne crie pas, rétorqua Petit Louis.

— Parle plus doucement, murmura le petit homme, sinon, je risque de m'envoler.

— Mais... mais... qui êtes-vous ? demanda Petit Louis en s'efforçant de parler doucement, cette fois-ci.

— Nous sommes les Minuscules, répondit le petit homme. Cette forêt nous appartient. Je vais m'approcher, ainsi, tu m'entendras mieux.

Il sortit en escaladant la fenêtre, descendit par sa branche, regrimpa par une autre...

C'était stupéfiant de le voir marcher en équilibre sur ces branches presque verticales sans le moindre problème, comme quelqu'un qui se promènerait sur le mur. Enfin, il s'installa à proximité de Petit Louis.

— Comment diable faites-vous donc ? interrogea l'enfant.

— Grâce à mes bottes ventouses, répondit le Minuscule. Nous en avons tous. Sans elles, nous ne pourrions pas vivre dans les arbres.

[...]

Soudain, les autres Minuscules, hommes, femmes, enfants, sautèrent de leurs fenêtres et se dirigèrent vers Petit Louis ; certains marchaient sous les branches, tête à l'envers.

[...] Ils s'assirent en groupe autour de Petit Louis, en le dévisageant comme s'il était un extraterrestre.

— Vivez-vous vraiment tous à l'intérieur de cet arbre ? demanda Petit Louis.

— Tous les arbres de cette forêt sont creux, répondit le vieux Minuscule. Tous. À l'intérieur vivent des milliers et des milliers de Minuscules. On trouve des pièces et des escaliers non seulement dans le tronc mais aussi dans la plupart des branches. Tu es dans une forêt Minuscule [...]

— Puis-je jeter un coup d'œil ? demanda Petit Louis.

— Bien sûr, bien sûr, répondit le vieux Minuscule.

Approche-toi de cette fenêtre.

[...]

Dans un coin de chaque pièce, un escalier menait à l'étage supérieur. Tandis que Petit Louis passait d'une fenêtre à l'autre, les Minuscules le suivaient en groupe, souriant à ses cris d'admiration.

— Merveilleux ! C'est bien plus joli que chez moi !

Extrait de Roald DAHL, *Les Minuscules,* traduction de Marie Farré, Paris, Éditions Gallimard, 1991. Copyright © Roald Dahl Nominee Ltd., 1991.

Mère Brimborion est une gentille dame âgée qui vit avec son mari. On ne sait trop pourquoi, il lui arrive de rapetisser au point d'être aussi petite qu'une cuillère à thé.

Dans cet épisode, Mère Brimborion insiste pour aller faire les courses avec son mari parce que, dit-elle, il a tendance à oublier ce qu'il doit acheter.

Mère Brimborion

Père Brimborion céda, glissa sa femme dans une de ses poches et se mit en route. Dans la poche, Mère Brimborion éclata immédiatement en reproches :

« Comment est-il possible d'avoir tant de choses dans une poche : des vis, des clous, du tabac, des allumettes, et encore, ma foi, un hameçon qu'il vaudrait mieux enlever tout de suite avant qu'il n'accroche ma jupe...

— Ne parle pas autant ! dit son mari en enlevant cependant l'hameçon. Nous arrivons près du magasin, promets-moi d'être aussi silencieuse qu'une souris. »

Mère Brimborion promit et Père Brimborion entra dans le magasin. C'était une boutique vieillotte comme on en trouve encore dans les villages, et où l'on vendait de tout : des harengs et des chaussettes, du chocolat, de la laine à tricoter, et aussi des tasses à café.

Des tasses à café, le marchand venait justement d'en recevoir de nouvelles et en parlait avec tant d'enthousiasme que Mère Brimborion, curieuse, pointa la tête hors de la poche.

« Reste où tu es ! » grommela son mari.

[...]

Mais la curiosité la tenaillait, et quand, pour prendre patience en attendant son tour d'être servi, Père Brimborion sortit son tabac de sa poche, prestement, elle s'accrocha au paquet et, posée sur le comptoir, avant que d'être vue elle disparut derrière un sac de papier. Son mari n'y prit pas garde, et personne d'autre non plus d'ailleurs, dans le magasin. Elle se faufila alors derrière une boîte de tapioca […] et se retrouva enfin près des tasses qu'elle avait tant entendu vanter par le marchand.

« Qu'elles sont belles ! » chuchota-t-elle, mais, en faisant deux pas en arrière pour mieux les admirer, elle tomba du comptoir dans le tiroir aux macaronis qui était ouvert.

L'épicier entendit le bruit de la chute, pensa à une souris et referma vite le tiroir en faisant semblant de rien. Il tenait à la bonne réputation de son magasin.

Et voilà Mère Brimborion dans le tiroir !

Il y faisait noir comme dans un four, mais elle entendait les voix. Et elle entendit le marchand commencer à servir Père Brimborion. « C'est bon, pensa-t-elle, lorsqu'il lui demandera les macaronis, je pourrai sauter dans le sac. »

Hélas ! comme d'habitude, son mari ne se souvenait plus de ce qu'il devait acheter. Alors notre petite vieille se mit à crier pour qu'il l'entende :

« Des macaronis ! »

Mais sa voix était faible et dans le tiroir fermé absolument étouffée.

« Vous me donnez un quart de café.

— Ensuite ? demanda le marchand.

— Des macaronis ! cria Mère Brimborion.

— Un kilo de sucre, dit son mari.

— Ensuite ? demanda le marchand.

— Des macaronis ! » hurla Mère Brimborion...

Et Père Brimborion se souvint enfin :

« Des macaronis... »

Le marchand ouvrit le tiroir et d'un seul coup de pelle emplit un sac. Il lui sembla qu'il y avait quelque chose qui avait bougé dans la pelle, mais il fit vite et ne dit rien.

« C'est bien, c'est tout », remercia Père Brimborion.

En sortant du magasin, il souhaita voir si sa femme était toujours dans sa poche, mais il n'en eut pas le temps : un voisin arrivant en voiture lui proposa de le ramener jusqu'à sa porte. Là, enfin, il put mettre la main dans sa poche. Elle était vide. Où était passée Mère Brimborion ? S'était-elle cachée ailleurs ? Se moquait-elle de lui ? Saperlipopette ! [...] elle ne répondait pas. La peur le prit ; il décida de retourner chez l'épicier.

« Il revient me dire qu'il y avait une souris dans les macaronis », pensa le marchand en le voyant arriver. Et, souriant de son mieux, il demanda :

« Avez-vous oublié quelque chose ?

— Oui ! répondit Père Brimborion en cherchant partout des yeux.

— Soyez gentil, chuchota alors le marchand, ne racontez à personne ce qui s'est passé. Tenez, pour aider votre femme à oublier cette souris dans les macaronis, je vais lui offrir ces belles tasses.

— Souris ? dit le Père Brimborion.

— Chut, chut ! » dit le marchand en enveloppant les tasses et en les lui tendant.

Père Brimborion prit les tasses sans rien dire, mais il réfléchissait : « Cette souris dont parle le marchand pourrait bien être ma Brimborion. »

Il repartit vers sa maison, courant plus qu'il ne marchait, anxieux de retrouver sa pauvre femme étouffée, écrasée dans le sac de macaronis.

« Ma femme, ma pauvre femme, jamais plus je ne me plaindrai de ta métamorphose, si tu vis encore ! » gémissait-il.

Enfin, il fut devant sa porte, l'ouvrit. Mère Brimborion était là, comme il la connaissait depuis toujours […].

Extrait d'Alf PRØYSEN, *Mère Brimborion*, Paris, Les Éditions G.P./Le Livre de Poche, 1976.
© Alf Prøysen.

Poucette

Il était une fois une femme qui désirait beaucoup avoir une petite fille. Elle alla donc trouver une vieille sorcière pour lui demander conseil. « C'est facile », dit la sorcière. Et elle lui donna un grain d'orge. Ce n'était pas de l'orge ordinaire, celle que récolte le fermier ou que picorent les poules. « Plantez-la dans un pot, dit la sorcière, et vous verrez ce que vous verrez. »

La femme la remercia et s'en retourna chez elle pour planter le grain. Il en sortit bientôt une belle fleur qui ressemblait à une tulipe. Mais les pétales restaient bien serrés les uns contre les autres, le bouton ne s'ouvrait toujours pas. « Quelle jolie fleur », dit la femme. Et elle posa un petit baiser sur les pétales rouges. Alors, au même instant, la fleur s'ouvrit. C'était bien une tulipe, mais dans son cœur, il y avait la plus jolie petite fille qu'on eût jamais vue. Elle n'était pas plus haute que l'ongle du pouce, et c'est pour cela qu'on l'appela « Poucette ».

On lui fit un lit dans une coque de noix, avec un matelas de violettes et un édredon en pétale de rose. Dans la journée, la femme l'installait sur une feuille de tulipe au milieu d'une assiette d'eau entourée de fleurs. C'était comme un petit bateau dans lequel elle se promenait en chantant. Elle avait une voix ravissante.

Mais une nuit, une horrible mère crapaud sauta par la fenêtre dans la chambre de Poucette. En la voyant si jolie sous son édredon de pétale, elle s'écria : « Voilà la femme qu'il faut à mon fils. »

Les cours

En plus d'étudier la mathématique, les sciences et l'informatique, les écoliers passent beaucoup de temps à apprendre la langue japonaise. C'est que le japonais a 3 systèmes d'écriture, dont le principal est composé de 2000 idéogrammes[1]. À la fin du primaire, les élèves peuvent lire et écrire 1000 idéogrammes. Traditionnellement, le japonais se lit de haut en bas et de droite à gauche. De plus, contrairement à notre façon de faire, il faut tourner les pages d'un livre vers la droite, comme si on commençait par la fin.

Les élèves portent un chapeau aux couleurs vives.

Des jeunes s'adonnent au kendo.

Il y a entre 30 et 40 élèves par classe dans les écoles primaires japonaises. Les enfants portent souvent un uniforme et un chapeau aux couleurs vives. De cette façon, ils sont visibles dans la cour et dans la rue.

---

1. Les idéogrammes sont des caractères qui représentent un mot ou une seule idée. Par exemple, le caractère 犬 signifie « chien ».

Le Japon

Le Japon est situé dans l'océan Pacifique. Il est formé d'environ 4000 îles dont la principale est Honshu. Sur ces îles vivent 125 millions de personnes. La langue officielle est le japonais.

Histoire

Pendant des siècles, le Japon a été isolé du reste du monde. C'est sans doute pourquoi il est très attaché à ses traditions. Pendant la Deuxième Guerre mondiale, les bombes atomiques américaines ont anéanti les villes de Hiroshima et de Nagasaki.

Climat et saisons

Il y a quatre saisons au Japon ; elles se succèdent au même rythme qu'au Québec. L'été commence par un mois de pluies abondantes, favorables à la culture du riz. Ensuite le pays connaît un été chaud et humide. L'automne est généralement très agréable, à moins que les typhons[1] n'apportent des vents violents et des pluies torrentielles. L'hiver est plutôt doux, sauf dans le nord du pays, où il peut faire très froid.

Sports et loisirs

Les arts martiaux comme le judo, le karaté et le kendo font partie de la tradition japonaise. Ils développent la discipline et la concentration, deux qualités très valorisées au Japon.

L'origami[2] et les travaux manuels sont des passe-temps populaires chez les enfants. Le dessin est aussi une tradition dans ce pays où l'on aime les activités qui exigent de la patience et de la concentration.

Paysage printanier.

1. Le typhon est une tempête très violente où le vent souffle en tourbillonnant au-dessus de la mer.
2. L'origami est une technique qui consiste à plier des carrés de papier pour leur donner des formes variées comme des animaux, des personnages, etc.

L'hiver, les festivals où l'on réalise des sculptures géantes en glace sont très populaires. Au printemps, les Japonais aiment bien célébrer l'arrivée de la nouvelle saison par des pique-niques sous les cerisiers en fleurs. Cette coutume s'appelle *hanami.*

d'autrefois. Les garçons ont aussi leur fête, le 5 mai ; le ciel se remplit alors de poissons multicolores faits de tissu et de papier.

La fête nationale, qui a lieu le 29 avril, célèbre la nature. Il y a aussi le Nouvel An, que l'on fête pendant trois jours, du 1er au 3 janvier. Pendant cette période, les écoles et les commerces ferment leurs portes et l'entrée des maisons est décorée de branches de pin et de paille. Les enfants reçoivent des cadeaux le matin du Nouvel An.

On se rassemble pour admirer les cerisiers en fleurs.

Alimentation

La cuisine japonaise utilise beaucoup le riz, qui se mange avec des légumes et du poisson. Le poisson, qu'on trouve en abondance dans ce pays formé d'îles, est apprêté de façons très variées et très raffinées. Même s'ils ont adopté la coutume occidentale de manger avec une fourchette et un couteau, les Japonais ont conservé l'usage traditionnel des baguettes.

Principales fêtes

Plusieurs fêtes japonaises sont spécialement consacrées aux enfants. Le 3 mars, par exemple, c'est la fête des poupées, que les filles habillent à la mode

De jeunes Japonaises portent le costume traditionnel à l'occasion d'une fête consacrée aux fillettes.

L'école en France

Septembre, c'est la rentrée

Septembre sonne l'heure de la rentrée pour les jeunes Français. Pourquoi septembre ? Parce que, autrefois, les enfants aidaient leurs parents aux travaux agricoles pendant l'été. Toutes les écoles fermaient alors en juillet et en août pour les moissons, puis à la fin de septembre pour les vendanges[1]. Cette tradition s'est maintenue jusqu'aujourd'hui.

En France, l'école est obligatoire pour tous les enfants de 6 ans jusqu'à 16 ans. Ils passent 5 ans à l'école primaire, puis, vers 11 ans, ils entrent au collège pour 4 ans. Chaque année du cours primaire porte un nom ; la première s'appelle « cours préparatoire » (CP), les deux années suivantes, « cours élémentaire » (CE 1 et CE 2), et les deux dernières, « cours moyen » (CM 1 et CM 2).

L'année scolaire, qui dure 158 jours, est divisée en 3 trimestres, c'est-à-dire en 3 périodes de 3 mois. Au milieu et à la fin de chaque trimestre, un congé d'une semaine ou deux permet aux élèves de se reposer et de se distraire. Au total, les enfants ont 16 semaines de vacances.

C'est la rentrée pour ces écoliers français.

Les vendanges ont lieu à la fin de septembre.

1. On appelle « vendange » la récolte du raisin qui sert à faire le vin.

Une longue journée de travail

La journée de classe, qui va de 8 h 30 à 16 h 30, est interrompue par la période du déjeuner[1] (1 heure) et par deux récréations de 15 minutes. Les élèves qui veulent rester à l'école pour étudier peuvent le faire. Après une pause de 30 minutes, ils consacrent une autre heure à l'étude, pendant laquelle ils peuvent obtenir de l'aide. Les jeunes Français ont en tout 27 heures de cours par semaine. Voici comment ces heures sont réparties :

Une classe bien remplie.

Semaine type dans une école française
(nombre d'heures par matière)

Cours / Matière	Cours préparatoire	Cours élémentaire		Cours moyen	
		CE 1	CE 2	CM 1	CM 2
Français	10	9	8	8	
Mathématique	6	6		6	
Sciences et technologie	2	2	3	3	
Histoire et géographie	1	2		2	
Éducation civique	1	1		1	
Éducation artistique – musique – arts plastiques	1 1	1 1		1 1	
Éducation physique et sportive	5	5		5	
Total	27 heures				

---

1. En France, le déjeuner correspond au dîner chez nous.

La France

La France est le pays d'origine des premiers francophones d'Amérique. Ce pays est de petite dimension si on le compare au Québec ou au Canada, mais il est plus peuplé, avec 57 millions d'habitants. La France offre des paysages contrastés : des plages ensoleillées au bord de la Méditerranée, de hautes montagnes comme les Alpes et les Pyrénées, des vallées verdoyantes où des châteaux rappellent l'histoire du pays. Le climat est doux l'été, froid et humide l'hiver.

Le pic du Midi dans les Pyrénées : un paysage majestueux !

Principales fêtes

Noël, Pâques et le Nouvel An sont des fêtes importantes en France, comme chez nous. Le pays a aussi sa fête nationale, qu'il célèbre le 14 juillet. Dans les villages, on a coutume d'organiser des fêtes champêtres, comme la fête du fromage, du vin, de l'huître, du nougat. L'agriculture fournit d'ailleurs de nombreux produits qui sont exportés partout dans le monde. Pour les Français, la cuisine est un art et manger est un des grands plaisirs de la vie !

Sports et loisirs

Le Tour de France est un événement qui attire des cyclistes du monde entier. Les participants à cette épreuve doivent parcourir 4800 kilomètres en 26 jours. L'événement est diffusé sur plusieurs chaînes de télévision.

Le football, le tennis, le ski, la natation et la planche à voile sont aussi des sports très populaires en France. Durant leurs loisirs, les Français aiment bien fréquenter les théâtres, les cinémas et les musées. Les enfants aussi participent souvent à des activités culturelles avec leur école.

Le Tour de France 2000 : les cyclistes traversent un champ de tournesols.

L'école en Inde

Un été trop chaud pour aller à l'école

En Inde, l'école commence à la mi-juillet et se termine à la mi-mai. De la mi-mai à la mi-juillet, période pendant laquelle il fait trop chaud pour travailler, les enfants sont en vacances. Comme dans bien d'autres pays, ils commencent l'école primaire à six ans et ont neuf ou dix ans lorsqu'ils arrivent en quatrième année. Le cours primaire, comme le cours secondaire, dure cinq années.

Les jeunes consacrent de longues heures aux études.

Une situation difficile

Un grand nombre d'enfants ne peuvent pas fréquenter l'école même si elle est obligatoire. En effet, ces enfants doivent travailler pour aider leurs parents, qui n'ont pas assez d'argent pour les faire vivre. Il y a même des enfants qui vont à l'école après leur journée de travail.

La population de l'Inde est très nombreuse et le pays manque d'écoles. Par conséquent, les classes comptent jusqu'à 40 élèves. Certaines écoles sont obligées d'offrir un horaire double : des enfants vont en classe le matin et d'autres y vont l'après-midi. Dans d'autres écoles, les élèves plus âgés suivent leurs cours dans l'école pendant que les plus jeunes étudient dehors.

---

1. La langue d'enseignement est la langue utilisée dans une école pour donner l'enseignement.
2. Colonie : pays occupé et dirigé par un pays étranger.

Beaucoup de sciences

Les enfants se rendent à l'école tôt le matin, entre sept heures et huit heures. Ils travaillent très fort jusqu'à 13 h 30. À la maison, ils consacrent de longues heures à leurs études pour obtenir de bonnes notes, car les examens qui mènent aux études avancées sont très difficiles.

En Inde, on accorde beaucoup d'importance à l'étude des sciences de la nature. Les enfants étudient aussi la géographie et les sciences humaines. La langue d'enseignement[1] varie d'une région à l'autre. Les enfants apprennent d'abord à lire et à écrire leur langue maternelle. Très tôt, ils apprennent l'anglais parce que l'Inde est une ancienne colonie[2] britannique. C'est aussi parce que l'anglais est la langue la plus utilisée dans le monde de l'industrie, du commerce et de la science.

Dans cette école de village, on étudie dehors.

L'Inde

L'Inde est située dans la partie sud-ouest de l'Asie. Il y a des millions d'années, cette région faisait partie d'un autre continent, avec l'Australie et l'île de Madagascar. Mais cet ancien continent s'est divisé et l'Inde a dérivé vers l'Asie. Là où les continents se sont soudés, se trouve la plus haute chaîne de montagnes du monde : l'Himālaya. En Inde, le climat est très chaud toute l'année. Dans certaines régions, les pluies sont très rares alors que, dans d'autres, elles sont très abondantes.

Une des montagnes de l'Himālaya.

Langue et population

Près de 900 millions de personnes vivent en Inde. C'est le pays le plus peuplé du monde après la Chine. En Inde, on parle 15 langues officielles et plus de 1600 autres langues ou dialectes. L'hindi et surtout l'anglais servent de langue de communication entre les différentes régions. L'anglais est devenu la langue officielle au moment où les Anglais ont dirigé le pays, il y a près de 200 ans. Même si l'Inde est un pays relativement industrialisé, une grande partie de la population y vit très pauvrement.

Un marché public.

Principales fêtes

La plupart des fêtes indiennes célèbrent le cycle de la nature : on fête le soleil, la lune, la moisson, la fin de l'hiver, la venue des premières fleurs, le retour de la mousson[1]. Le 26 janvier, à l'occasion de la fête de la République, se tient le défilé des éléphants dans les rues de New Delhi, la capitale. Les animaux sont décorés de façon somptueuse.

Bien parés, les éléphants paradent.

Alimentation

Le riz et le blé sont les aliments de base de la cuisine indienne. Ils accompagnent les lentilles, les légumes et les galettes de toutes sortes. L'Inde est aussi le pays des épices. On y produit du poivre, de la cannelle, de la cardamome et du cari[2]. C'est pourquoi les mets indiens sont si parfumés !

Sports et loisirs

Les sports les plus populaires sont le cricket, introduit par les Anglais, et le polo. Les Indiens affectionnent aussi les compétitions de cerfs-volants, où les concurrents tentent de couper la ficelle des cerfs-volants de leurs adversaires. L'Inde produit également de nombreux films, et les cinéphiles sont nombreux : il se vend neuf millions de billets de cinéma par jour !

Jeune Indien qui joue au cricket.

1. La mousson est un vent tropical qui apporte de la pluie (mousson d'été) ou de la sécheresse (mousson d'hiver).
2. Le cari est une épice faite d'un mélange d'épices en poudre.

L'école en Australie

L'école traditionnelle

Au mois de septembre, c'est le printemps en Australie puisque ce pays est situé dans l'hémisphère Sud. Les élèves termineront l'école bientôt, vers la mi-décembre. Ce sera alors les vacances d'été annuelles jusqu'à la fin de janvier. Et là, une nouvelle année scolaire commencera.

L'année scolaire est divisée en quatre périodes et chaque période est suivie d'une ou deux semaines de congé. Comme les enfants du Québec, les enfants d'Australie fréquentent l'école primaire pendant six ans, et vers neuf ou dix ans, ils sont en quatrième année.

Durant les premières années du primaire, les élèves étudient l'anglais, qui est la langue officielle du pays, et la mathématique; ils s'initient également à la recherche, à l'éducation physique et à l'hygiène. Durant les dernières années, ils étudient, en plus de la mathématique et de l'anglais, les sciences, les travaux manuels et les arts.

Des élèves à la sortie de l'école.

Une école d'un genre nouveau

De vastes régions de l'Australie sont arides et désertiques. Peu de gens y habitent parce que les conditions de vie sont difficiles. La population y est très dispersée; les premiers voisins se trouvent parfois à 100 kilomètres! Pour que les enfants des régions éloignées puissent s'instruire, le gouvernement a mis sur pied « l'école des ondes ».

Tous les jours, de 8 h à 15 h, ces enfants travaillent à la maison, sous la supervision de leurs parents. Ces derniers travaillent généralement tout près. Au moyen d'une radio à ondes courtes, chaque élève est en communication avec son professeur ou sa professeure. Plusieurs fois durant l'année, les élèves et les enseignants se réunissent dans la ville la plus proche pour participer à des activités sportives. Tous les dix jours, les élèves envoient leurs devoirs à l'école. Ils ont aussi droit à une leçon privée par semaine.

« L'école des ondes » permet aux enfants des régions éloignées de bénéficier d'une ambiance scolaire et d'être en contact avec le monde.

Des enfants aborigènes à l'école.

L'Australie

L'Australie est la plus grande île du monde mais fait partie du plus petit continent : l'Océanie. Pour traverser ce pays, il faut parcourir 3500 kilomètres de routes très droites, sans maisons ni stations-service.

Environnement

L'Australie connaît deux principaux types de climat. Le nord du pays, qui est assez rapproché de l'équateur, a un climat tropical. La température est chaude toute l'année. L'été (de décembre à février) est pluvieux et l'hiver (de juin à août) est sec. Le Sud, lui, vit sous un climat tempéré.

Une grande partie du continent est désertique. La végétation s'est adaptée à cette sécheresse : le baobab, par exemple, est un arbre dont le tronc énorme peut emmagasiner de l'eau pour plusieurs années. L'Australie est aussi reconnue pour ses marsupiaux[1], particulièrement le kangourou et le koala.

Le baobab s'est adapté à la sécheresse du climat.

1. Les marsupiaux sont des mammifères qui élèvent et allaitent leurs petits dans une poche.

Population

Avant l'arrivée des Européens, il y a 200 ans, l'Australie était peuplée d'aborigènes. Leur mode de vie était caractérisé par la chasse et la cueillette de fruits et de noix. Aujourd'hui, les aborigènes sont une minorité ; la population du pays, qui s'élève à 17 millions d'habitants, est surtout composée d'immigrants venus de 120 pays.

Faire de la plongée au-dessus d'un banc de corail, le bonheur !

Sports et loisirs

Les Australiens sont de grands sportifs. Ils excellent en natation et se distinguent dans les compétitions internationales. La plupart des enfants australiens savent nager avant même d'entrer à l'école. Les sports aquatiques comme le surf, la voile, le ski nautique et la planche à voile, ainsi que le tennis et le golf sont très populaires. Dans le sud du pays, en hiver, on joue au football et on fait du ski.

L'école au Cameroun

Au Cameroun, seul l'enseignement primaire est obligatoire. En général, c'est vers l'âge de six ou sept ans que les enfants commencent l'école. Le primaire dure six ans. Ensuite, les jeunes fréquentent le secondaire, qui s'étend sur sept ans. Le nombre de personnes qui ne savent ni lire ni écrire est un des plus élevés en Afrique.

Trop d'enfants

Il y a en moyenne 70 élèves par classe. Le surplus d'enfants et le peu de ressources obligent plusieurs écoles à fonctionner selon un horaire réduit. Une semaine, les enfants vont à l'école de 7 h 30 à 12 h et l'autre semaine, de 12 h 30 à 17 h 30. L'année scolaire compte au moins 36 semaines de cours. Chaque cours dure de 15 à 30 minutes.

Peu de moyens

Coincés à plusieurs sur des bancs ou parfois carrément assis par terre, les enfants écoutent tant bien que mal le maître ou la maîtresse. Celui-ci ou celle-ci écrit au tableau noir le texte de la leçon parce qu'au primaire, les enfants n'ont à peu près pas de livres scolaires.

Des classes bondées et peu de ressources.

Plantation dans la région de Mokolo. L'arrosage se fait à la main.

Même les écoles publiques exigent que les parents donnent un certain montant pour l'école. Aussi, même si le cours primaire est obligatoire, ce ne sont pas tous les enfants qui le terminent. Plusieurs d'entre eux doivent quitter l'école pour aider leurs parents à la maison ou gagner des sous en vendant des beignets au marché, par exemple.

Le Cameroun

Le Cameroun est situé en Afrique centrale. Il compte environ 14 millions d'habitants répartis en plus de 200 ethnies différentes, qui possèdent toutes une langue distincte. Les langues officielles sont toutefois l'anglais et le français. Cela fait partie de l'héritage laissé par les Français et les Anglais, qui ont dirigé le pays pendant une quarantaine d'années, jusqu'en 1961.

Milieux et climats

Au Cameroun, tous les types de milieux sont présents. Il y a des montagnes volcaniques à l'ouest, des plaines quasi désertiques au nord, de vastes plateaux au centre, des collines et des plaines recouvertes de forêts au sud. Les lacs et les rivières sont nombreux.

Le climat est aussi variable. La partie sud a deux saisons des pluies, l'une qui s'étend d'avril à juillet et l'autre, de septembre à décembre. Au nord, c'est le climat sahélien, c'est-à-dire sec et chaud. Puis dans le centre, l'unique saison des pluies va de juin à octobre.

Le Cameroun compte 13 parcs nationaux ou réserves. Plusieurs espèces animales y vivent : lions, éléphants, hippopotames, panthères, girafes, gazelles, crocodiles, etc.

Alimentation

La cuisine camerounaise varie selon les régions. Au sud, les aliments de base sont les tubercules[1], le plantain[2] et le maïs. Dans le Nord, on mange surtout du sorgho et du mil. Ces deux céréales sont transformées en farine, puis mélangées à de l'eau bouillante. Ce mélange donne une sorte de purée, qu'on accompagne de sauce faite avec des légumineuses ou des feuilles vertes. Le poisson occupe aussi une place importante dans l'alimentation.

Fêtes

Comme dans beaucoup d'autres pays, les agriculteurs célèbrent les semailles et les récoltes. On danse, on mange et on joue du tam-tam pendant plusieurs jours. Quant aux pêcheurs, ils organisent une fois par année une grande pêche collective suivie de danses et de musique.

Le 20 mai, c'est la fête officielle du Cameroun. Défilés, chants, danses et discours se tiennent partout dans le pays à cette occasion.

Vue du centre-ville de Yaoundé, la capitale.

1. Les tubercules sont des légumes-racines telle la pomme de terre.
2. Le plantain est une variété de banane qui se consomme cuite.

Projet 3

Métamorphoses d'automne

L'heure normale ou avancée ?

Dans de nombreux pays du monde, on change l'heure deux fois par année : au printemps et à l'automne. Au Québec, on avance l'heure le premier dimanche d'avril et on revient à l'heure normale, ou à l'heure solaire, le dernier dimanche d'octobre. Mais pourquoi avancer et reculer l'heure ?

La longueur du jour varie

La longueur du jour varie selon la saison. Pendant l'année, il y a seulement 2 périodes où le jour et la nuit durent chacun 12 heures partout sur la Terre : à l'équinoxe de printemps, le 21 mars, et à l'équinoxe d'automne, le 23 septembre.

Dans les régions de l'hémisphère Nord, où nous habitons, les nuits sont plus longues que les jours en hiver ; par contre, en été, les jours sont plus longs que les nuits. Les jours les plus longs de l'année se situent autour du 21 juin. Il fait alors clair pendant près de 16 heures.

Si, pendant l'été, on continuait à vivre à l'heure normale, le jour se lèverait vers 4 h et il ferait nuit vers 20 h.

Pourquoi changer l'heure ?

C'est en 1918, durant la Première Guerre mondiale, qu'on a pensé à changer l'heure au Québec. Au cours de cette période, les usines d'armes et de munitions devaient produire pendant de longues heures chaque jour. On avait donc décidé d'avancer les horloges d'une heure pour

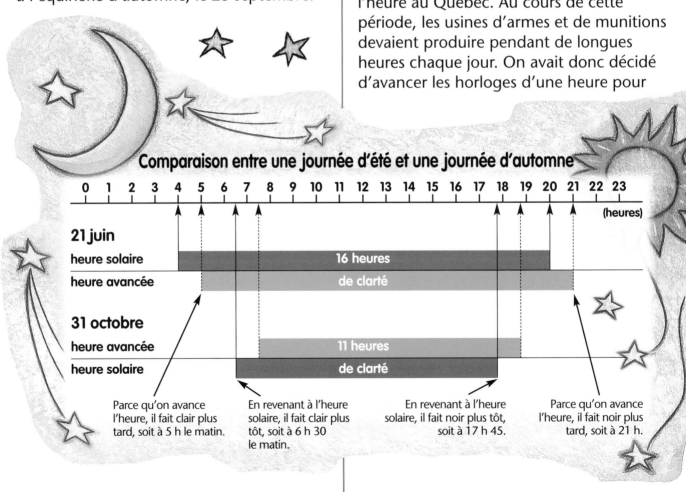

Comparaison entre une journée d'été et une journée d'automne

0 1 2 3 4 5 6 7 8 9 10 11 12 13 14 15 16 17 18 19 20 21 22 23 (heures)

21 juin
heure solaire
heure avancée — 16 heures de clarté

31 octobre
heure avancée
heure solaire — 11 heures de clarté

Parce qu'on avance l'heure, il fait clair plus tard, soit à 5 h le matin.

En revenant à l'heure solaire, il fait clair plus tôt, soit à 6 h 30 le matin.

En revenant à l'heure solaire, il fait noir plus tôt, soit à 17 h 45.

Parce qu'on avance l'heure, il fait noir plus tard, soit à 21 h.

que les ouvriers puissent travailler plus tard le soir. Comme on avait moins besoin d'utiliser la lumière artificielle, cela permettait d'économiser de l'énergie. Immédiatement après la guerre, on s'est remis à l'heure solaire.

On adopte l'heure avancée

On avait trouvé bien commode l'idée d'avancer l'heure. Cette décision avait permis aux gens de consacrer plus de temps au travail ou aux loisirs tout en faisant des économies d'énergie. En 1928, au Québec, on a donc décidé d'adopter l'heure avancée du premier samedi de mai au dernier samedi de septembre. C'est la période de l'année où les agriculteurs ont le plus de travail. Grâce à l'heure avancée, ils pouvaient travailler un peu plus tard le soir.

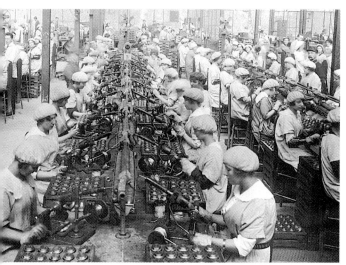

Des ouvrières dans une usine de munitions de Verdun.

Le gouvernement fait une loi

L'heure avancée n'était pas utilisée dans toutes les régions de la province. Certaines municipalités préféraient conserver l'heure solaire. Cette situation n'était pas simple pour les voyageurs.

La traite des vaches, au début du 20e siècle.

En 1966, le gouvernement fit une loi obligeant toutes les régions du Québec à adopter l'heure avancée du dernier dimanche d'avril au dernier dimanche d'octobre. En 1986, on modifia cette loi pour que le changement d'heure se fasse plus tôt dans l'année, c'est-à-dire dès le début du mois d'avril. À cette époque, on cherchait des moyens d'économiser l'énergie.

Depuis 1986, nous avançons l'heure le premier dimanche d'avril, à deux heures du matin, et nous revenons à l'heure solaire le dernier dimanche d'octobre, à deux heures du matin. Nous vivons donc sept mois par année à l'heure avancée et cinq mois à l'heure solaire.

À la fin d'octobre, lorsque nous reculons l'heure pour revenir à l'heure solaire, les jours semblent raccourcir subitement. Ce n'est qu'une illusion. Les journées ne diminuent que de quelques minutes chaque jour.

Les préparatifs chez les animaux

L'automne annonce l'hiver et ses rigueurs. Les jours raccourcissent, le temps refroidit et la nourriture se fait de plus en plus rare. Pour les animaux de nos régions, le moment est venu de se préparer en prévision des grands froids. D'une espèce à l'autre, les préparatifs varient, mais chacune a trouvé une manière de survivre.

Le lièvre

Comme beaucoup d'autres mammifères, le lièvre reste au pays à l'automne. Il se prépare à affronter l'hiver.

À l'approche de la rude saison, la végétation devient plus rare. Le lièvre, qui se nourrit d'herbes, de plantes et de fruits d'arbustes pendant l'été, commence donc à modifier son alimentation. Il se met alors à manger des bourgeons de conifères et des écorces de feuillus.

En automne, le pelage du lièvre s'épaissit, ce qui prépare l'animal à affronter les grands froids. Progressivement, sa fourrure change de couleur; elle passe de fauve[1] à blanc. L'hiver, cette transformation lui permet de se camoufler dans les sous-bois enneigés. Il est donc peu visible pour les chasseurs et les prédateurs. De plus, le blanc de sa robe protège l'animal contre la perte de chaleur. On sait que les objets blancs laissent échapper moins de chaleur que les objets foncés.

Mais pourquoi son pelage devient-il blanc? Il semble que c'est la lumière captée par les yeux du lièvre qui agit sur sa glande

pituitaire. Cette glande est responsable de la formation des pigments qui donnent la couleur fauve à son pelage. Comme il y a moins de lumière à l'automne, la glande est moins active et la fourrure du lièvre ne se colore pas.

Le lièvre devient blanc l'hiver.

L'ours noir

L'ours noir passe ses hivers à dormir et à somnoler. L'automne, il doit donc manger beaucoup. C'est de cette façon qu'il se constitue une réserve de graisse qui le protège contre les grands froids. Il consomme alors les derniers végétaux qui restent, des carcasses d'animaux, des insectes, bref, tout ce qui lui tombe sous la patte.

Entre la mi-octobre et la fin novembre, c'est le moment de chercher un endroit où passer l'hiver. La plupart du temps, l'ours

_____
1. Fauve: couleur dorée tirant sur le roux.

choisit un abri dans une cavité naturelle ou dans un vieil arbre creux ; il peut même se creuser un trou dans la terre.

À l'approche de l'hiver, l'ours jeûne pendant une quinzaine de jours. Puis, retiré au fond de sa tanière, il tombe graduellement dans un sommeil hivernal. L'ours n'hiberne pas comme le fait la marmotte. Pendant qu'il dort, il garde ses sens en éveil et peut se réveiller au moindre bruit. Mais il sort de son abri seulement lorsque le temps s'adoucit ou lorsqu'il se sent menacé.

Des ours sortis de leur tanière.

Le monarque

Les animaux ailés peuvent couvrir de plus grandes distances que les mammifères. C'est pourquoi bon nombre d'entre eux quittent le pays avant l'arrivée de l'hiver. C'est le cas du papillon appelé « monarque ».

À l'automne, les monarques se rassemblent par groupes et quittent la région des Grands Lacs, leur habitat estival,

en direction du Mexique. Ils parcourent jusqu'à 3000 kilomètres pour trouver les conditions où ils pourront hiverner.

Une fois parvenus à destination, les monarques se fixent en grand nombre sur les arbres et ils y passent l'hiver. Parfois, ils forment des masses de plusieurs milliers d'individus. À certains endroits, ces masses sont tellement grosses qu'elles sont devenues une attraction touristique.

Au printemps, ces papillons rentrent au pays. Bon nombre d'entre eux meurent en route, victimes de prédateurs ou d'intempéries. La migration reste malgré tout leur meilleure chance de survie.

L'automne, la nature déploie ses innombrables ressources en prévision des grands froids. Certaines espèces animales échappent à l'hiver en quittant le pays, tandis que d'autres s'adaptent à la rude saison en faisant des provisions et en réduisant leurs activités.

Arrivés au Mexique, les monarques envahissent les lieux.

Hiberner ou hiverner

L'automne, pour les animaux sauvages, c'est la saison des préparatifs d'hiver. Tandis que certains partent vers des contrées plus chaudes, d'autres prennent un pelage plus épais, d'autres encore se préparent à dormir… Parmi ces derniers, certains animaux dorment tout l'hiver d'un sommeil si profond qu'il est presque impossible de les réveiller. On dit qu'ils « hibernent ». D'autres animaux dorment aussi, mais d'un sommeil léger ; ils peuvent se réveiller au moindre bruit ou si le temps se radoucit. On dit qu'ils « hivernent ».

Les hibernants

Parmi les animaux qui hibernent, on trouve surtout de petits mammifères. Il y a aussi quelques espèces d'oiseaux.

Pendant leur sommeil, les hibernants présentent des particularités physiques : leur métabolisme[1] change, autrement dit leur corps ne fonctionne plus comme d'habitude. Ils tombent dans une sorte d'engourdissement et leurs fonctions vitales ralentissent.

En apparence, ces animaux peuvent sembler morts. Le cœur bat très lentement, la production d'excréments diminue, la respiration est au ralenti et la température corporelle s'abaisse. C'est le cas du tamia rayé, communément appelé « suisse ».

Le tamia rayé hiberne.

Les animaux qui hibernent dorment très profondément et ils n'ont pas conscience de ce qui se passe autour. Mais leur cerveau reste actif et il continue à gérer, comme un thermostat, la température du corps. Grâce à leur petite taille, ces animaux peuvent abaisser et élever rapidement leur température, ce qui est impossible aux plus grands animaux.

À l'automne, l'hibernant mange abondamment. Durant son hibernation, la graisse qu'il a accumulée sert à le nourrir et à le protéger du froid.

L'automne, c'est aussi le moment où l'animal se cherche un refuge pour l'hiver. Comme ce lieu le protégera des prédateurs et des intempéries, il doit être choisi avec soin ; il peut même être aménagé. Ainsi, les marmottes se rassemblent en famille dans des abris souterrains dont elles bloquent l'entrée avec de la terre et de l'herbe. Certaines chauves-souris, quant à elles, se réfugient dans des arbres creux ou dans des grottes.

1. Métabolisme : ensemble des transformations chimiques qui maintiennent l'organisme en état de fonctionner.

Les hivernants

De nombreux animaux hivernent : l'ours noir, la mouffette, l'écureuil, le raton laveur, le blaireau, la coccinelle, etc.

Les hivernants adaptent leur mode de vie aux conditions climatiques, mais leur corps fonctionne comme d'habitude. Par temps très froid, ces animaux restent à dormir dans la chaleur de leur tanière en attendant les jours plus doux.

Ce raton laveur semble bien logé !

Leur sommeil ressemble au sommeil normal. Endormis, les hivernants ne présentent donc pas les mêmes caractéristiques physiques que les hibernants. De plus, ils demeurent conscients de leur entourage. Quand le temps se radoucit, ils peuvent sortir pour se nourrir.

À l'automne, certains hivernants accumulent de la nourriture pour l'hiver. Quelques-uns se font des réserves en engraissant. Dans leur cas, toutefois, une faible couche de graisse suffit la plupart du temps pour assurer une isolation thermique ou une réserve d'énergie pendant l'hiver.

Chez les animaux « à sang froid », la température du corps varie avec la température du milieu. Lorsqu'il fait très froid, ces animaux deviennent incapables de bouger. La plupart passent l'hiver à l'abri du gel. Par exemple, les escargots et les serpents se réfugient dans le sol ou sous une pierre, et les grenouilles se mettent à l'abri dans la boue au fond des étangs.

Pour les animaux « à sang froid » ou « à sang chaud » qui restent au pays toute l'année, l'hiver est une période difficile. Mais tous ces animaux, hibernants comme hivernants, réussissent à s'adapter aux conditions climatiques pénibles de l'hiver.

Cette couleuvre a trouvé elle aussi un bon logis.

Mourir ou survivre

À la vue des feuilles qui tombent en automne, on a une drôle d'impression : que toute la végétation va mourir et que des plantes entièrement nouvelles naîtront au printemps. Certaines plantes meurent, oui, mais d'autres, plus vivaces, survivent.

Les plantes annuelles

On appelle plantes « annuelles » celles qui naissent, croissent et meurent dans la même année. Ces plantes naissent au printemps d'une graine produite au cours de l'été précédent. Leur histoire commence donc pendant la belle saison.

À l'été, la plante mère produit une fleur qui, lorsqu'elle est pollinisée[1], devient un fruit contenant une ou plusieurs graines. Chaque graine est formée d'une enveloppe qui renferme l'embryon de la plante et sa réserve de nourriture.

Le Jardin botanique de Montréal en automne.

Les graines des plantes annuelles tombent sur le sol, certaines au printemps, d'autres à l'été ou à l'automne. Une graine peut rester près de la plante mère ou être transportée loin de celle-ci[2]. Puis, elle est ensevelie sous l'effet de la pluie et de l'humus formé par les feuilles en décomposition.

La graine connaît ensuite une période de repos qui dure tout l'hiver. Au printemps, si les conditions sont favorables, elle se met à germer. L'embryon commence alors à se développer et fait éclater son enveloppe. Sous l'action combinée de la pluie, des minéraux contenus dans le sol et de la lumière du soleil, racines et pousses se déploient. La plante s'épanouit tout l'été en puisant dans ses réserves de nourriture. Puis, à son tour, elle produit des graines.

Une plante annuelle : le pétunia.

1. Pollinisée : fécondée.
2. Pour en savoir plus long sur la façon dont voyagent les graines, lis le texte intitulé *Saison de voyages*, aux pages 166 et 167.

Avec l'arrivée du gel et des vents froids, la plante mère meurt, au bout de ses réserves. Le cycle recommence ainsi d'année en année.

Les plantes vivaces

Les plantes vivaces ne meurent pas à l'automne. Leurs tiges et leurs feuilles se dessèchent puis disparaissent, mais leurs racines survivent d'une année à l'autre. Comparativement aux plantes annuelles, les plantes vivaces sont munies d'un système racinaire plus résistant au gel et aux intempéries. De plus, ce système contient des réserves de nourriture plus grandes. Cet avantage permet à ces plantes de vivre longtemps. Certaines vivent deux ou trois ans ; d'autres, pendant de très longues années. C'est le cas de l'iris, qui peut refleurir une cinquantaine d'années.

L'iris est une plante vivace. Ses nombreuses racines, qu'on peut voir sous le feuillage desséché, survivront tout l'hiver. Et au printemps, l'iris refleurira.

Les plantes vivaces se multiplient de différentes manières. Certaines d'entre elles se reproduisent comme les plantes annuelles : à l'été ou à l'automne, la plante mère laisse tomber ses graines, qui germeront à l'été suivant. D'autres plantes vivaces se multiplient par leurs racines. À partir du réseau racinaire de la plante mère, d'autres racines se développent dans la terre ou à sa surface et ressortent plus loin. Pendant ce temps, la plante mère qui a donné naissance au rejeton continue de croître.

L'automne nous offre en spectacle des plantes en train de dépérir et de mourir. Ce n'est qu'une apparence ! Bien sûr, certaines plantes meurent et les individus de leur espèce qu'on verra apparaître au printemps seront des rejetons. Mais beaucoup d'autres plantes ne meurent pas. Elles s'endorment simplement en attendant des jours meilleurs.

L'automne au 19ᵉ siècle

Il y a un peu plus de cent ans, la vie n'était pas aussi confortable qu'aujourd'hui. La plupart des gens vivaient à la campagne et travaillaient dur pour se préparer à l'hiver. Toute la famille, enfants et parents, devait prendre part aux préparatifs : aménager la maison, confectionner des vêtements et mettre en conserve des aliments.

L'aménagement de la maison

À la fin du printemps, les familles avaient coutume d'emménager dans la cuisine d'été pour y vivre durant toute la belle saison. Comme l'endroit était frais, il permettait de mieux profiter de la période estivale. La cuisine d'été était rattachée à la maison ou constituait un bâtiment séparé. Dans ce dernier cas, elle était située à mi-chemin entre la maison et la grange et portait le nom de « fournil ».

Vers la fin de septembre, quand arrivaient les premiers froids, les familles se réinstallaient dans la « grand-maison[1] ». C'était presque un déménagement, car on devait y transporter la vaisselle, le linge de table, parfois même des chaises et des tables.

Maison centenaire. On peut voir, à droite, la cuisine d'été.

On rallumait le poêle à bois, situé au cœur de la maison, au centre de la cuisine. Comme il ne diffusait pas une chaleur uniforme dans toutes les pièces, il fallait isoler la maison contre le froid. On condamnait la porte avant, on construisait un « tambour[2] » devant la porte de côté et on bouchait les fissures qui laissaient passer l'air. On calfeutrait aussi les portes et les fenêtres avec des lisières de vieux tissus. Lorsque la cuisine d'été était annexée à la maison, on la fermait pour réduire l'espace à chauffer.

Un tambour.

1. Grand-maison : pièces de la maison où l'on passait la plus grande partie de l'année.
2. Tambour : construction servant à protéger la porte d'entrée exposée aux vents et à la neige.

La confection des vêtements

Beaucoup de familles cultivaient le lin et élevaient des moutons. Le lin et la laine servaient à fabriquer les tissus dont on avait besoin pour confectionner les vêtements et le linge de maison (nappes, draps, etc.). En septembre, adultes et enfants travaillaient à la récolte du lin.

Différentes opérations étaient nécessaires pour transformer la fibre du lin en fil à tisser. On commençait par sécher les tiges pour finir par le filage au rouet.

1912. Des paysans s'affairent à nettoyer des tiges de lin.

La préparation de la laine était aussi très longue et nécessitait la participation des enfants en âge d'aider aux travaux. On tondait les moutons, puis on nettoyait, teignait, cardait[1] et filait la laine.

La mise en conserve

Pendant l'été, les familles cultivaient la terre et avaient un jardin potager. En septembre, parents et enfants récoltaient les fruits, les légumes et les céréales. Les récoltes terminées, on faisait des confitures de fruits et on mettait en conserve certains légumes, comme les pois et les haricots. Le chou, les pommes de terre, les oignons et les carottes étaient entreposés dans la cave, le « caveau[2] » ou le grenier.

Dans les régions où l'agriculture était peu pratiquée, en Gaspésie et sur la Côte-Nord, par exemple, les gens pêchaient tout l'été, jusqu'à l'arrivée du froid et des grandes marées. Il fallait alors sécher, fumer ou saler le poisson pour le conserver en prévision de la saison hivernale.

L'automne était alors une période de gros travaux. À cette époque, les gens achetaient peu, car ils n'avaient pas beaucoup d'argent. Par leur seul travail, ils réussissaient à répondre aux besoins des leurs. De nos jours, les conditions de vie sont plus faciles et on n'est plus obligé de travailler aussi durement. Dans certaines familles, toutefois, on a gardé l'habitude de faire des confitures ou de congeler les légumes et les fruits fraîchement récoltés.

1. Carder la laine, c'est la démêler pour qu'elle soit filée.
2. Caveau : petite cave servant à entreposer les légumes.

Saison de voyages

Chez plusieurs végétaux, l'automne est une période de déplacement. Pour assurer la survivance de leur espèce, les graines des plantes doivent se disperser. Et pour effectuer leur voyage, elles utilisent des moyens de transport très variés.

Un souffle de vent et les graines de l'asclépiade se détacheront de la plante mère.

Voyager pour survivre

De nombreuses plantes se reproduisent grâce à leurs fruits, qui renferment une ou plusieurs graines. Chaque graine contient un embryon, une autre plante en miniature. Quelques plantes, le pissenlit, par exemple, produisent leurs graines au début de l'été, mais dans la plupart des cas, les graines sont produites à l'automne. Que l'on pense aux pépins des pommes, aux graines blanches du poivron ou aux graines plates des citrouilles.

Quand le fruit est mûr, il se détache de la plante ou de l'arbre. S'il n'est pas cueilli, il tombe par terre et sa chair pourrit. Mais, près de la plante mère, les chances de survie des graines sont minces, car elles risquent de manquer de lumière et de chaleur pour germer et croître. Cependant, plusieurs graines de plantes sont transportées ailleurs par le vent, par l'eau ou par les animaux.

Des moyens de transport variés

Beaucoup de graines sont dispersées sous l'action du vent. Ainsi, les graines les plus légères sont transportées par les courants d'air. Les graines ailées, comme celles de l'érable ou du frêne, couvrent de grandes distances lorsqu'elles sont entraînées par la brise.

Les animaux transportent souvent, involontairement, les fruits et les graines loin de la plante mère. Par exemple, les oiseaux et les insectes peuvent parcourir de longues distances avec de petites graines collées sur leurs pattes. L'ours et certaines espèces d'oiseaux rejettent intactes dans la nature les graines dures des fruits qu'ils ont absorbés. Parfois, les animaux qui amassent des provisions oublient une partie de leurs réserves dans la nature. C'est le cas de l'écureuil, qui abandonne des glands ou des noisettes dans ses différentes cachettes.

Un exemple de graines ailées : les disamares de l'érable.

L'être humain contribue aussi à la dispersion des graines en jetant au sol les restes des fruits et des légumes qu'il mange. Il arrive parfois que des plantes poussent à ces endroits.

Toute graine se développe lorsqu'elle a de l'eau, du soleil et un sol favorable. Le vent et les animaux contribuent souvent à transporter les graines dans un sol favorable. Mais malgré ces ressources, peu de graines arrivent à trouver un sol propice à leur croissance. Devons-nous craindre qu'un jour trop de graines ne meurent ? Non, car chaque plante produit suffisamment de graines pour assurer la survie de son espèce.

Où cachera-t-il ses provisions ? S'en souviendra-t-il ?

Les migrations

Quand l'automne arrive, il est fréquent de voir de longues volées d'oiseaux prendre la direction du sud. Évidemment, les oiseaux n'émigrent pas tous et ils ne sont pas les seuls animaux migrateurs; beaucoup d'insectes et de mammifères migrent aussi. Mais parmi les espèces migratrices, ce sont sûrement les espèces ailées qui soulèvent le plus de questions: comment voyagent-elles et pourquoi nous quittent-elles l'hiver venu?

Grands et petits voyages

Les animaux qui émigrent ne font pas tous le même type de voyage. Certaines chauves-souris, par exemple, parcourent de courtes distances, de 80 kilomètres à 300 kilomètres. D'année en année, elles utilisent les mêmes routes et passent l'hiver

Même les chauves-souris se réfugient dans des grottes plus au sud.

dans les mêmes grottes. D'autres espèces, comme la sterne de l'Arctique, font un voyage beaucoup plus long. Comme leur nom le suggère, ces oiseaux passent l'été au pôle Nord, dans l'Arctique, où ils se reproduisent. L'automne venu, ils partent à destination de l'Antarctique, à l'autre extrémité de la Terre; ils parcourent alors la planète du nord au sud.

Une sterne de l'Arctique qui couve ses œufs. À l'automne, elle partira... avec ses petits.

Des façons variées de voyager

Chaque espèce voyageuse a sa façon de voyager et une destination favorite. Les hirondelles, par exemple, voyagent de jour, à une vitesse de 69 kilomètres par heure, tandis que les canards préfèrent les nuits étoilées et volent à environ 85 kilomètres par heure. Bon nombre d'espèces choisissent des itinéraires jalonnés de lacs et d'étangs où elles peuvent se reposer et se nourrir.

À l'arrivée des premiers jours froids, en novembre, les grandes oies des neiges quittent le Québec pour aller vers le sud.

Un sens de l'orientation à toute épreuve

Dans leurs déplacements, les animaux migrateurs s'orientent avec une grande précision. Les rivières, les montagnes, les côtes maritimes et d'autres caractéristiques du paysage servent de points de repère aux voyageurs ailés. On pense qu'ils utilisent aussi la position du Soleil et des étoiles pour se guider. Dans le cas du pigeon voyageur, on sait qu'il est muni de minuscules particules magnétiques dans la tête et qu'il s'oriente grâce au magnétisme de la Terre. Toutefois, on est loin d'avoir compris l'extraordinaire sens de l'orientation de toutes les espèces migratrices.

Le pigeon voyageur : tout un sens de l'orientation !

Pourquoi émigrer ?

Est-ce le froid, le manque de nourriture ou la baisse de la luminosité qui déclenche ce besoin de partir vers d'autres cieux ? Il semble que la nourriture joue un rôle clé dans les migrations. Ainsi, à l'approche de l'hiver, quand les insectes se font rares, les oiseaux insectivores, comme les hirondelles, partent vers des endroits plus chauds, où les insectes sont plus nombreux. Certains chercheurs pensent aussi que la nourriture est plus difficile à trouver en hiver parce qu'il fait noir plus tôt.

L'hirondelle, partie tout l'hiver, revient annoncer le printemps.

Une autre hypothèse a été proposée comme explication. Selon cette hypothèse, les oiseaux migrateurs de nos régions seraient originaires des pays chauds où ils retourneraient chaque hiver par réflexe. Il y a très, très longtemps, leurs pays d'origine se seraient transformés en déserts et les oiseaux auraient alors migré vers le nord, pendant l'été, pour trouver de la nourriture. On pense que, lorsque les migrations ont commencé, tous les continents étaient réunis au lieu d'être séparés par les océans. Nos régions tempérées étaient donc assez rapprochées des pays d'origine des oiseaux. Par conséquent, leurs voyages duraient peu de temps. Mais, peu à peu, les continents se sont éloignés les uns des autres, et le trajet de ces oiseaux s'est allongé.

La migration des animaux ailés est encore un phénomène mystérieux. Les scientifiques ont trouvé quelques explications, mais beaucoup de questions demeurent sans réponse. Les migrations sont peut-être nécessaires, mais elles sont aussi très risquées ; à chaque voyage, une grande quantité d'oiseaux meurent, victimes de prédateurs ou d'intempéries. Heureusement, les différentes espèces comptent un trop grand nombre d'individus pour que leur survie soit menacée.

Projet 4

Des êtres imaginaires

Les sorcières

Toutes les sorcières qui peuplent les contes et les légendes ont des pouvoirs maléfiques. Elles commettent leurs actions au moyen d'étranges potions et formules magiques ou encore de leur bâton, qui leur sert en même temps de canne.

Les sorcières des bois

Les sorcières des bois passent la journée à dormir et à rêver de maléfices. C'est la nuit qu'elles vivent. Elles s'affairent alors à chasser les petits animaux venimeux, comme les scorpions, les serpents et les araignées. Elles cueillent des plantes rares, qui contiennent elles aussi un poison. Elles traversent forêts et villages à la recherche de personnes auxquelles elles pourraient jeter des sorts !

Étrangement, ces sorcières passent aussi beaucoup de temps à se contempler dans leur miroir magique. Afin de s'enlaidir encore plus, elles se fardent de poudre de crapaud fumé et se noircissent les yeux avec du charbon mélangé à des champignons noirs.

La sorcière bleue

Certaines sorcières agissent aussi sur les éléments de la nature. La sorcière bleue, personnage bien connu des petits Écossais, est de celles-là. Cette vieille femme amène l'hiver dans les régions montagneuses du pays. Voici comment on la décrit :

«[...] sa silhouette familière hantait les collines balayées par le vent. Son visage était bleu de froid, ses cheveux blancs de givre, et le plaid[1] qui recouvrait ses maigres épaules était fait de chaume[2] gelé. Tous les ans, après la Toussaint, elle parcourait la campagne, frappant la terre de son bâton pour tasser l'herbe et durcir le sol par le gel[3]. »

En hiver, la sorcière bleue déchaîne la tempête et au printemps, elle se change en pierre jusqu'à l'automne.

---

1. Plaid : couverture de laine à carreaux qui sert de manteau. C'est le vêtement que portaient anciennement les montagnards écossais.
2. Chaume : paille.
3. Extrait de *Les fées et les elfes*, Time-Life, collection Les mondes enchantés, 1984, p. 67.

Les fées

Les fées sont des êtres imaginaires féminins. Elles agissent autant sur la vie des humains que sur la nature, et leurs pouvoirs surnaturels sont parfois redoutables.

Des personnages changeants

Les fées peuvent prendre toutes sortes de formes et de tailles. Elles ont souvent l'apparence d'une jolie femme à la chevelure abondante, vêtue d'une longue robe et tenant à la main une baguette magique. Ces mystérieuses créatures peuvent aussi prendre l'apparence d'un animal, ou encore d'une flamme ou d'une fleur. Elles ont également le pouvoir de se rendre invisibles, disparaissant en un clin d'œil.

Les fées des bois

Créatures minuscules et délicates, les fées des bois se tiennent en groupes. Très élégantes dans leurs robes faites de pétales de fleurs, elles passent leur temps à jouer et à chasser. Une épine de rose leur sert de bâton magique.

La fée du temps et la fée des glaces

La fée du temps s'habille d'air et de reflets de soleil. Elle veille sur le temps des habitants des campagnes. Elle leur donne des heures supplémentaires de lumière ou de sommeil quand ils en ont besoin.

Comme la fée du temps, la fée des glaces est une fée solitaire. Elle se cache dans un flocon de neige de fine dentelle plus gros que les autres. Elle se manifeste sous la forme d'une dame blanche qui plane dans les airs. Par un simple baiser sur le front, cette fée transforme en glace la personne dont elle devient amoureuse. Elle l'emmène ensuite dans son palais de givre situé au cœur d'un désert de glace.

Les elfes

Petits génies des champs, des forêts et de la terre, les elfes appartiennent aux légendes du nord de l'Europe. Ces créatures étranges ont des caractéristiques et des noms différents selon les pays : on les appelle « lechie » en Russie et « kobolds » en Allemagne. Ils peuvent habiter un champ de blé, un arbre, un lac, une fleur ou les profondeurs de la terre, mais leur royaume est vaste.

Les elfes possèdent un caractère espiègle et ont plus d'un tour dans leur sac. Leur plus grand plaisir, c'est de détourner les voyageurs de leur chemin en les entraînant vers un marais ou au bord d'un ravin. Là, armés de brins d'herbe, les elfes chatouillent leurs victimes jusqu'à ce qu'elles crient grâce. Ces petits génies s'attaquent aussi à la nature, faisant déborder les rivières et fuir les animaux. Malgré cela, les elfes adorent danser au chant des grillons et des instruments à cordes.

Les *lechie* de Russie

Chez les *lechie*, les elfes féminins sont des créatures ravissantes et gracieuses. Mais, étrangement, les elfes masculins ressemblent à de petits êtres difformes, à la barbe et aux cheveux verts comme le lierre, au long visage tout maigre, avec des yeux d'un éclat glacé. Des cornes en spirale pointent sur leur tête et leurs pieds font penser aux sabots fourchus du bouc.

L'elfe Puck d'Angleterre

On peut lire dans les récits villageois que l'elfe Puck est le plus turbulent des elfes d'Angleterre. Il est le joyeux vagabond de la nuit, le bouffon des êtres imaginaires. Il se plaît à jouer mille tours, comme tendre des pièges aux voyageurs ou pincer les gens paresseux. L'elfe Puck charme les humains avec sa cornemuse : ceux qui l'entendent se mettent immédiatement à danser.

Les kobolds d'Allemagne

Dans les contes et légendes d'Allemagne, les kobolds ont l'apparence de petits hommes noirs comme l'encre, coiffés d'un bonnet pointu. De nature malicieuse, comme tous les elfes, ces personnages tourmentent les gens dans leurs maisons. Mais heureusement, les humains peuvent les amadouer avec des restes de repas !

Les trolls

« Géants des régions sauvages de Scandinavie, les trolls habitent les forêts, les montagnes et les landes. Certains ne sortent jamais de leurs cavernes […]. Parfois, le promeneur solitaire peut les entendre grogner sous terre tandis qu'ils mijotent quelque méchant tour.

Les trolls apparaissent plutôt lors des nuits claires de l'été nordique, quand le soleil se trouve au-dessous de l'horizon et que tout le pays repose dans le mystérieux silence du crépuscule. Les oiseaux ne chantent pas, le vent ne souffle pas et même les rivières et les cascades semblent couler plus calmement.

C'est alors que les trolls apparaissent et rôdent dans la campagne. Ceux qui les ont vus errer sans but dans le silence disent que ce sont d'énormes créatures amorphes et informes. Selon certains, ils seraient en deuil de leurs lointains ancêtres, les grands géants qui régnèrent sur la Scandinavie […].

[…] Les trolls ont une influence désastreuse sur les animaux domestiques. Quand un troll est dans les parages, la vache et le renne n'ont plus de lait, les chevaux ne veulent pas travailler, même les chiens et les chats vont se cacher.

On dit qu'un homme qui a vu un troll ne sera plus jamais le même. C'est pour cela qu'hommes et femmes répugnent à sortir au crépuscule, durant l'été, et s'assurent que leurs enfants sont bien au lit. Certains trolls, très curieux, regardent par les fenêtres et tendent leurs bras maigres pour attraper des biens appartenant aux hommes. Afin d'être protégé, il faut fermer les portes et les fenêtres, tirer les rideaux et dormir profondément jusqu'aux premiers rayons du soleil. Les trolls ne s'attardent pas longtemps au soleil, sinon ils sont changés en pierre. »

Texte extrait de Michael PAGE et Robert INGPEN, *Encyclopédie des mondes qui n'existent pas*, traduit par Marie-Raymond Farre, Paris, Éditions Gallimard, 1987, p. 79-80. © Éditions Gallimard.

Le loup-garou

Le loup-garou est un être imaginaire très ancien. Dans l'Antiquité, il y a de cela deux mille ans, on racontait déjà des histoires à son sujet...

Une âme à délivrer...

Un loup-garou est une personne condamnée à se transformer en une bête effrayante durant la nuit. Cette transformation peut avoir des causes multiples. La plupart du temps, toutefois, il s'agit d'une punition donnée à une personne qui a passé sept ans sans se confesser.

Le loup-garou peut avoir la forme d'un loup, d'un ours, d'une chatte, d'un chien, d'un cheval, d'un bœuf, etc. Son corps est recouvert de longs poils et ses yeux brillent comme du feu. Toute personne qui rencontre un loup-garou est terrorisée et court un grave danger.

Le loup-garou doit errer chaque nuit dans les champs et les bois à la recherche d'une personne qui le libérera de son châtiment. S'il n'est pas délivré après avoir couru toute la nuit, il reprend son apparence humaine et rentre chez lui. Mais il retrouvera sa forme animale la nuit suivante !

Pour éviter le malheur

Il existe différents moyens de délivrer l'âme d'un loup-garou. Mais la façon la plus sûre est de lui faire une entaille sur le front. Aussitôt qu'un peu de sang coule, le loup-garou reprend son corps d'humain. La personne qui réussit à délivrer un loup-garou doit toujours garder cet incident secret. Si elle en parle, il pourrait lui arriver un malheur...

Texte 17

Noël en mai

En mai chaque branche de pin
se couvre de mille chandelles
poudrées de rosée du matin
comme un vrai sapin de Noël.

*L'écharpe d'iris : les plus beaux poèmes du Grand Prix
de Poésie pour la jeunesse, Paris, Hachette Livre,
collection Fleurs d'encre, Le Livre de Poche Jeunesse,
1990.*

Texte 18

Le printemps

Le Temps a laissé son manteau
De vent, de froidure et de pluie,
Et s'est vêtu de broderie,
De soleil luisant, clair et beau.

Il n'y a bête ni oiseau
Qu'en son jargon ne chante ou crie :
« Le Temps a laissé son manteau
De vent, de froidure et de pluie. »

Rivière, fontaine et ruisseau
Portent en livrée jolie
Gouttes d'argent d'orfèvrerie ;
Chacun s'habille de nouveau :
Le Temps a laissé son manteau.

Charles D'ORLÉANS
Poèmes de tous les temps, Éditions Rouge et Or, 1991.

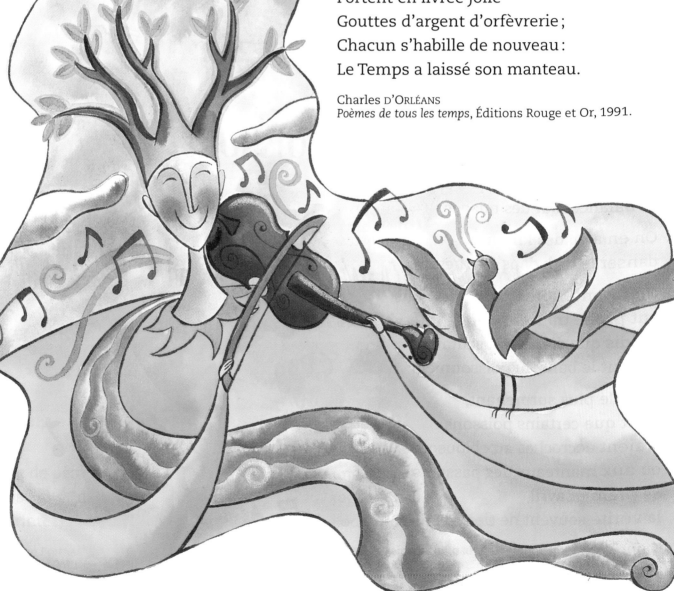

Texte 19

Le printemps

Par un beau jour de printemps,

Le soleil brille dans l'eau pure et claire,

Le vent danse dans les arbres,

Les fleurs rient de joie.

Pendant ce temps,

Moi je suis assise sur la lune,

Je rêve à l'eau pure,

Aux arbres faisant de l'ombre.

Sur la cabane d'oiseaux,

Maquillée par les fils d'araignées,

Dorée par le soleil,

La pluie commence à tomber paisiblement.

Dans l'eau bleue, reluisante et claire de la rivière,

Je gambade dans les prés,

Remplie de joie, de bonheur et d'amitié.

Et,

Dans le fond de mon cœur,

Le printemps est caché.

Émilie FECTEAU
4e année
École Les Marguerites
*Fête autour du mot : œuvres d'enfants de première
à sixième année du cours primaire,* commission scolaire
de Varennes, 1990.

Texte 20

Les fleurs

Les fleurs
Ont une bonne senteur.
J'ai cueilli une fleur,
Remplie de bonheur,
Une fleur rouge comme mon cœur.

J'ai cueilli une autre fleur,
Elle est remplie de chagrin.
J'ai effacé son chagrin,
Et elle s'est transformée
Comme mon autre fleur.

Karine VEILLEUX CHAINÉ
6ᵉ année
Quand les mots chantent, commission scolaire Rouyn-Noranda.

Texte 21

Vive la pluie !

Vive la pluie,
La pluie qui dégouline
Et tambourine…
Oh la coquine !…

La pluie qui dégringole
Et coule dans mon col…
Oh la friponne !

La pluie qui goutte
Et goutte dans ma bouche…
Comme elle est douce
La pluie qui m'éclabousse !

Vive la pluie qui mouille
Et mouille tous les Gribouille !

Marie TENAILLE, *Le grand livre des comptines*, Paris, Éditions Fleurus, 1990. © Éditions Fleurus.

Texte 22

les marguerites
tournées vers le soleil
buvard de lumière

Monique POITRAS-NADEAU, *Instants fugaces*,
© Monique Poitras-Nadeau, 2000.

Texte 23

fraîcheur d'été
mes pieds chatouillés
par la rosée

Geneviève BINET
Saisir l'instant, Éditions David, 2000.

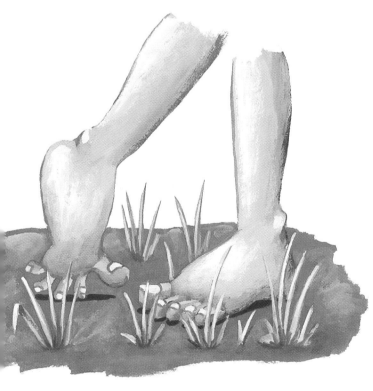

Texte 24

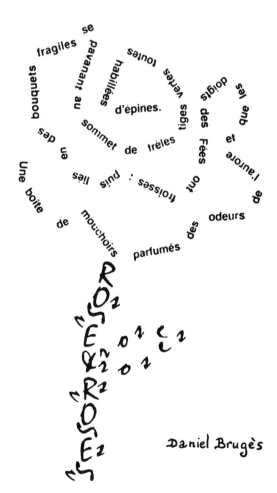

Daniel BRUGÈS
Jacques CHARPENTREAU, *Mon premier livre de devinettes* :
poèmes et dessins inédits, réunis par J.C., Les Éditions
ouvrières et Le Temps apprivoisé, collection Petite
enfance heureuse, 1983.

L'été

jeans retroussés
le bout des orteils
offerts à la rivière

Sophie St-Jean
Saisir l'instant, Éditions David, 2000.

traces de pas
dans le sable doux
qui s'enfuient dans la mer

Sonia Constantineau
Saisir l'instant, Éditions David, 2000.

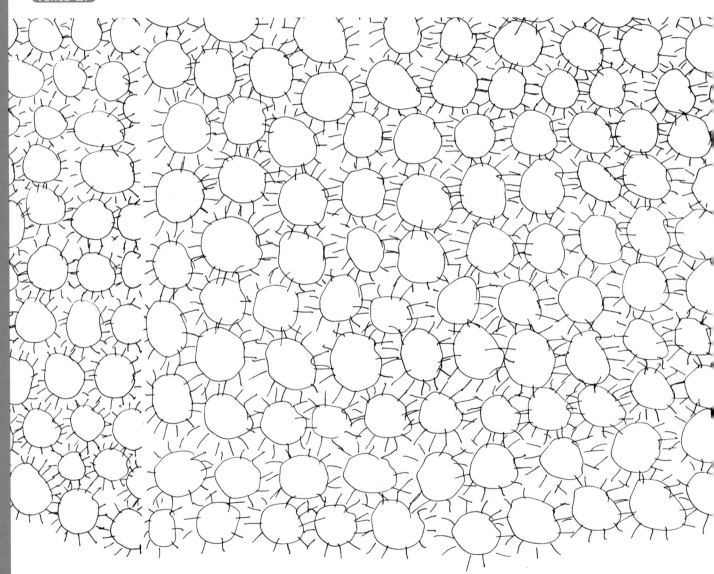

... une pluie de beau temps

Jacques Thisdel, *Après midi j'ai dessiné un oiseau*,
Éditions du Noroît, 1976.

Texte 28

Pique-nique. La fourmi
sur la nappe quadrillée disparaît
dans un carreau noir.

Jocelyne VILLENEUVE
Haïku : anthologie canadienne, préparée sous la direction
de Dorothy Howard et André Duhaime, Éditions
Asticou, 1985.

Texte 29

J'aime
ce vent léger
qui va à peine dans l'air
c'est plus doux
que la mer
il coule
il glisse
dans la lumière et la
chaleur.

COLETTE,
Externat médico-pédagogique.
Pédagogie FREINET, *Comme je te le dis !: Poèmes d'enfants*,
Tournai, Éditions Casterman, 1978.

Texte 30

Les foins

Les meules dans les champs
Sont de gros coussins d'herbe.
On peut sauter dedans,
Embrasser leurs joues vertes
Qui sentent bon la menthe.

Et voici le soleil
Pour jouer à la balle,
Tout là-haut sur le ciel.
Et vivent les nuages
Qui sont des coussins blancs !

Gérard BOCHOLIER, *Poèmes du petit bonheur*, Paris,
Hachette Livre, collection Fleurs d'encre, 1992.

Texte 31

Novembre

un jour la brume en novembre
voulait dormir dans ma chambre
j'ai fermé la porte à clé
la brume m'a encerclé

brume brouillard brouillardise
j'en ai fait ma gourmandise

Yves PINGUILLY, *Raconte mois*, Paris, Hachette Livre,
collection Le Livre de Poche, 1988.

Texte 32

Villanelle

Une feuille d'or,
une feuille rousse,
un frisson de mousse
sous le vent du nord.

Quatre feuilles rousses,
quatre feuilles d'or,
le soleil s'endort
dans la brume douce.

Mille feuilles rousses
que le vent retrousse.
Mille feuilles d'or
sous mes arbres morts.

Alain DEBROISE
Jacques CHARPENTREAU, *52 poèmes pour une année*,
Les Éditions ouvrières.

Je plains le vent

Le vent se plaint
le vent gémit
le vent souffre quand il souffle
le vent voudrait se reposer
déposer sa douleur
dans le creux d'un rocher
danser avec les mouettes
doucement tranquillement
les emporter sur un nuage
le vent rêve de tendresse
mais il est condamné à hurler
à déchirer les feuilles mortes
à griffer nos visages dans la pluie
ça le met en colère le vent
d'être si méchant !
Alors il s'emporte et devient fou
le vent tornade tempête
sa douleur n'a plus de bornes
il détruit tout sur son passage
puis il s'arrête essoufflé désespéré
dans un lointain désert
et là-bas il s'endort
en rêvant de caresses.

Je plains le vent.

Luce GUILBAUD
Jacques CHARPENTREAU, *Les éléments des poètes : l'air,
la terre, l'eau, le feu*, poèmes inédits choisis et
présentés par J.C., Paris, Hachette Livre, collection
Fleurs d'encre, Le Livre de Poche Jeunesse.

Texte 34

La balade des sorcières

Lorsque la nuit tombe
Et que tout devient sombre,
Par vaux et par monts,
Sur leur balai à califourchon,
Voyagent les sorcières.
Chapeau pointu
Et nez crochu
Elles se suivent
Et se poursuivent.
Tout de noir vêtues,
Les doigts tordus,
Elles ricanent
Comme des canes.
Leurs longs murmures
Font vibrer les murs,
Tandis qu'elles s'élèvent
Dans les ténèbres.
Sur la lune au firmament,
Elles se posent en douceur,
Guettant le moment
De semer la terreur.

Dominique CHAUVEAU, *Fantômes et chair de poule :
des poèmes à faire frissonner*, Saint-Lambert,
Les Éditions Héritage, 1992.

Texte 35

chaudes pluies d'automne
marchant pas à pas dans l'eau
sentier ruisselant

Sonia CONSTANTINEAU
Saisir l'instant, Éditions David, 2000.

Texte 36

tant de feuilles d'érables
ont achevé leur vie
l'automne en sacs

Monique POITRAS-NADEAU,
Instants fugaces,
© Monique Poitras-Nadeau,
2000.

Texte 37

grands vents d'automne
derniers bruissements de feuilles
avant le silence blanc

Monique POITRAS-NADEAU, *Instants fugaces*,
© Monique Poitras-Nadeau, 2000.

Texte 38

bruit familier
un chœur de dizaines de voix
passage d'oies blanches

Monique POITRAS-NADEAU, *Instants fugaces*,
© Monique Poitras-Nadeau, 2000.

Projet 6

Le cœur en fête

Sarah et Guillaume chez le père Noël

Comme tous les enfants, Sarah et Guillaume ont bien hâte à Noël. Chaque année, ils envoient des lettres au père Noël pour lui dire qu'ils ont été particulièrement sages et qu'ils aimeraient recevoir toutes sortes de cadeaux. Évidemment, chaque année, le père Noël leur répond avec une belle lettre sur du papier coloré.

Mais cette année, Guillaume et Sarah auront une surprise supplémentaire.

Le 17 décembre au matin, Guillaume se réveille et se prépare à partir pour l'école. Il sait bien qu'il ne reste pas beaucoup de jours avant Noël, mais quand même! Il n'a vraiment pas le goût d'y aller. Il aimerait beaucoup mieux rester chez lui, jouer dans la neige, construire des forts avec ses amis… Mais il faudra attendre les vacances.

Pendant qu'il enfile ses chaussettes, Guillaume entend un bruit qui semble émaner de sa garde-robe.

— Surprise! crie Guillaume. Qu'est-ce que tu fais encore là-dedans?

Surprise, c'est le chien de Sarah, la grande sœur de Guillaume, qui a l'habitude de fouiner un peu partout. La garde-robe de Guillaume est une de ses cachettes préférées!

— Sors de là, Surprise!

Mais évidemment, il faudra bien que Guillaume lui ouvre la porte!

— Bonjour, monsieur Guillaume! Comment allez-vous ce matin?

Mais ! Mais !... ce n'est pas du tout Surprise qui est dans la garde-robe. C'est...

— Permettez-moi de me présenter : je me nomme Smart... prononcé à l'anglaise, s'il vous plaît ! Piccolo Smart. Je suis un des lutins du père Noël et je viens vous chercher, vous et votre sœur Sarah, pour vous amener visiter le pôle Nord, comme vous le demandiez dans la lettre que vous avez envoyée à mon patron.

— Saraaaaaaahhhhh !!!!! Saraaaaaaahhhhh !!!!! Viens ici, vite ! s'exclame Guillaume, un peu nerveux, mais très excité.

Trouver un lutin du père Noël dans sa garde-robe, c'est beaucoup plus intéressant que le pantalon et le pull qu'il doit porter pour se rendre à l'école !

— Qu'est-ce qu'il y a, Guillaume ? Il faut se préparer pour l'école.

C'est Sarah qui arrive enfin dans la chambre et voit Piccolo Smart, bien planté là, au milieu de la garde-robe, sous les vêtements suspendus.

— Mademoiselle Sarah ! Enchanté de faire votre connaissance. Je suis ici pour vous amener visiter le pôle Nord et rencontrer le père Noël, qui vous réclame.

Sarah n'en revient pas !

— Mais... comment on fait pour se rendre au pôle Nord ? demande Guillaume.

Piccolo sourit et fait signe à Sarah et à Guillaume d'entrer dans la garde-robe.

— Bon. Maintenant, vous fermez les yeux et vous dites trois fois : « Léon erèp... Léon erèp... Léon erèp. »

Guillaume rit.

— Léon qui ? demande-t-il.

— Léon erèp, explique Piccolo. C'est père Noël à l'envers.

Aussitôt dit, aussitôt fait. Guillaume et Sarah se retrouvent tous les deux en pyjama, les fesses dans la neige au pôle Nord... devant la maison du père Noël !

Piccolo est confus.

— Excusez-moi, j'ai raté. Nous devions atterrir dans la maison, mais je l'ai manquée de quelques mètres.

Rapidement, les trois complices entrent dans la maison et sont chaleureusement accueillis par mère Noël et son célèbre mari, le père Noël lui-même! Guillaume et Sarah sont bouche bée.

— Bonjour, mes jeunes amis! lance le père Noël, de sa traditionnelle voix tonitruante. Tu as fait du bon travail, Piccolo. Merci!

Le père Noël est tout aussi content de rencontrer Sarah et Guillaume qu'eux le sont de le voir enfin en personne. Pendant deux heures, ils font le tour de la maison, rencontrent les lutins, découvrent comment sont fabriqués les jouets, rencontrent les rennes qui tirent le chariot du père Noël et mangent un délicieux petit déjeuner préparé par mère Noël elle-même!

— Mais Guillaume! Nous allons être en retard pour l'école! s'exclame soudainement Sarah.

— Ho! Ho! Ho! Ne t'en fais pas, ma petite Sarah. Quand vous êtes partis de chez toi avec Piccolo, le temps a cessé d'avancer. Tu verras: lorsque vous retournerez, les horloges n'auront pas bronché.

Sais-tu que le père Noël ne racontait pas de blague… Quand Sarah et Guillaume ont « atterri » dans la garde-robe de Guillaume, rien n'avait changé. Sauf Surprise, qui jappait à la porte de la garde-robe pour que ses maîtres sortent de là! Toute une aventure, n'est-ce pas?

Yanik COMEAU, *Mille ans de contes*, Toulouse, Éditions Milan, 1996.

Clara Bistouille
et le père Noël

La sorcière Clara Bistouille est amoureuse du père Noël.
Et tous les soirs depuis longtemps, elle s'endort en soupirant :
« Mais qu'il est beau ! Mais qu'il est grand !
Ah ! que je l'aime… un peu… beaucoup… passionnément ! »
Alors, cette année, c'est décidé, Clara Bistouille va l'épouser.
Elle se met du rouge à ongles, du rouge à lèvres,
du rouge à joues, et puis du vert sur les paupières,
c'est de bon goût chez les sorcières. Et elle s'envole chez le père Noël
lui annoncer la bonne nouvelle.

Mais le père Noël rit de bon cœur :
— Enfin, Clara, ça fait des milliers d'années
que je suis célibataire,
ce n'est pas pour épouser aujourd'hui une sorcière !
Clara Bistouille se jette à ses pieds :
— Oh, père Noël, s'il te plaît, je te bichonnerai,
je ferai tes paquets, laisse-moi essayer de te plaire.
Comme c'est bientôt Noël, le père Noël ne veut surtout pas
qu'une seule personne pleure ce jour-là,
alors il installe une petite chaise pour Clara Bistouille
dans son atelier.

Le premier jour, Clara Bistouille est enchantée.
Elle frise quelques rubans et elle soupire régulièrement :
— Père Noël, père Noël… un petit baiser !
Mais le père Noël répond en riant : — Plus tard, Clara, je travaille !
Alors, au bout d'un moment,
Clara Bistouille s'ennuie terriblement.
Alors, pour se changer les idées, tac !
elle transforme un joli nounours
en monstre gluant et dégoulinant.
Mais le renne Aristide l'a vue.
Alors, tchac ! elle le fait disparaître.
Du fond de son atelier, le père Noël dit :
— Allons, Clara, ne te laisse pas aller,
tu es venue pour nous aider,
pas pour nous faire rater Noël.
Rends-moi mon renne.
Toute gênée, Clara Bistouille
fait réapparaître Aristide.
Le lendemain, Clara Bistouille
installe sa chaise plus près
de celle du père Noël.
Comme ça, elle peut le regarder
et puis lui demander :
— Père Noël, père Noël… un petit baiser !
Mais le père Noël répond en riant : — Plus tard, Clara, je travaille !
Clara recommence à s'ennuyer.

Projet 6

Alors, tac! elle transforme une poupée en crapaud,
et tac! une autre en araignée. Mais le gnome Isidore l'a vue.
Pour qu'il se taise, elle le fait disparaître.
Du fond de son atelier, le père Noël crie :
— Allons, Clara, ne te laisse pas aller.
Tu es venue pour me bichonner,
pas pour faire disparaître mon gnome préféré.
Toute gênée, Clara Bistouille fait réapparaître Isidore.
Le troisième jour, les rennes et les gnomes
surveillent de près Clara Bistouille.
Et au premier sort qu'elle jette, ils se mettent tous à crier :
— Père Noël, la sorcière abîme notre travail,
ce n'est plus possible, il faut qu'elle s'en aille !

Alors, bien tranquillement, le père Noël s'en va farfouiller
dans sa malle à courrier et il dit : — Écoutez-moi ces lettres-là !
«Cher père Noël, voilà deux ans
que je rêve d'avoir un monstre gluant et dégoulinant...»
«Cher père Noël, j'en ai assez des poupées
à habiller et à coiffer,
j'aimerais tellement un jeu de crapauds avec des araignées !»
«Cher père Noël, tu m'as déjà donné un déguisement de fée
et je t'en remercie, mais cette année, ce qui me fait envie,
c'est une panoplie de sorcière. »
— Vous voyez, ajoute le père Noël, des lettres comme ça,
j'en ai des milliers. Alors, heureusement
que Clara s'est proposée si gentiment pour nous aider !
Elle a bien travaillé. En bonne sorcière,
elle nous a fait un tas de jouets que l'on n'aurait jamais su faire.

Clara Bistouille regarde ses pieds,
elle est un peu fière et très gênée. Et le père Noël ajoute :
— Alors, pour la remercier, nous allons l'inviter à réveillonner !
Le soir du réveillon, le père Noël demande :
— Clara, pour Noël, j'aimerais bien t'offrir un cadeau.
Choisis ce que tu veux dans tout mon atelier.
Évidemment, Clara Bistouille bredouille :
— Père Noël, père Noël… un petit baiser.
Et elle sort de derrière son dos un cadeau qu'elle a préparé.
Elle commence à expliquer :
— Voilà, c'est pour toi,
c'est une petite liqueur qui aide à digérer…
Mais le père Noël l'interrompt :
— Allons, Clara, n'essaie pas de m'entourlouper.
Ça ne serait pas plutôt une grosse potion… d'amour ?
Clara Bistouille est toute gênée, elle rougit de la tête aux pieds.
Alors, le père Noël met sur un sucre
une petite goutte de potion.
Pas trop, pour ne pas se retrouver marié,
mais juste assez pour avoir envie de déposer sur la joue de Clara
un petit baiser, en murmurant :
— Joyeux Noël, Clara Bistouille !

Marie-Agnès GAUDRAT, *Contes de Noël et de neige*, Paris,
© Éditions Bayard Jeunesse/Pomme d'Api, 1992.

La guignolée

Bon-jour le maître et la maî-tres-se, Et tous les gens de la mai - son. Nous ac-quit-

tons, ce - la nous pres-se, No-tre de - voir de la sai - son. U-ne fois l'an, c'est rai-son-

na - ble, Ce __ n'est pas trop. En ces temps de la bon-ne ta-ble Du __ bon fri - cot.

Bonjour le maître et la maîtresse,
Et tous les gens de la maison.
Nous acquittons, cela nous presse,
Notre devoir de la saison.
Une fois l'an, c'est raisonnable,
    Ce n'est pas trop.
En ces temps de la bonne table
    Du bon fricot.

On court, ce soir, la guignolée
Pour tous les pauvres du canton.
Plaira-t-il à cette assemblée
De nous faire un généreux don?
La côtelette ou l'échignée
    Ça nous convient!
Nous ferons plus forte saignée
    L'hiver qui vient.

Merci, le maître et la maîtresse
Et tous les gens de la maison;
Merci pour votre politesse,
Pour votre aimable et joli don.
Heureux, joyeux, on vous souhaite
    Le Nouvel An,
Prospérité, table parfaite
    À l'ortolan.

On vous dit donc, messieurs, mesdames,
Non pas adieu, mais au revoir.
Que le Seigneur garde vos âmes
Et qu'il bénisse notre espoir!
Vous aurez longue et bonne vie,
    Le ciel après,
Et nous toujours quête suivie
    D'un plein succès.

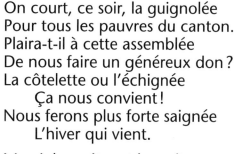

Conrad GAUTHIER, *Dans tous les cantons : 82 chansons du bon vieux temps*, Montréal, Éditions Archambault, 1963. Reproduit avec la permission des Éditions Archambault. © L'industrie Musicale.

Mon beau sapin

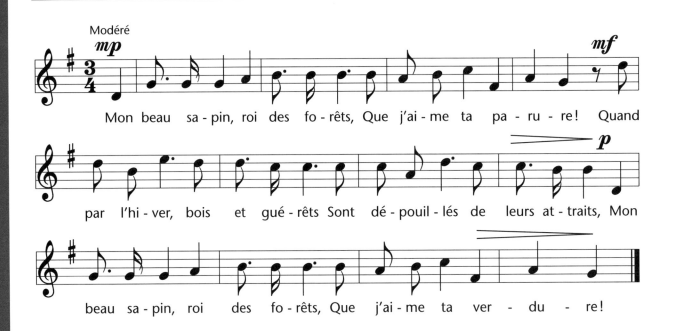

Mon beau sa - pin, roi des fo - rêts, Que j'ai - me ta pa - ru - re! Quand

par l'hi - ver, bois et gué - rêts Sont dé - pouil - lés de leurs at - traits, Mon

beau sa - pin, roi des fo - rêts, Que j'ai - me ta ver - du - re!

Mon beau sapin, roi des forêts,
Que j'aime ta parure!
Quand par l'hiver, bois et guérêts
Sont dépouillés de leurs attraits,
Mon beau sapin, roi des forêts,
Que j'aime ta verdure!

Toi que Noël planta chez nous
Au saint anniversaire,
Joli sapin, comme ils sont doux,
Et tes bonbons et tes joujoux,
Toi que Noël planta chez nous,
Par les mains de ma mère.

Mon beau sapin, tes verts sommets
Et leur fidèle ombrage,
De la foi qui ne ment jamais,
De la constance et de la paix,
Mon beau sapin, tes verts sommets,
M'offrent la douce image.

Le temps des fêtes, autrefois

Les êtres humains ont toujours ressenti le besoin de célébrer les moments importants de la vie : la naissance, la mort, le changement des saisons, etc. Ainsi, dans les temps anciens, l'arrivée de l'hiver était marquée par des cérémonies et des rituels. Ces célébrations du solstice d'hiver sont à l'origine des fêtes de Noël et du jour de l'An.

Chez les peuples anciens

Le raccourcissement des jours inquiétait beaucoup les peuples primitifs. Ils craignaient que la Terre ne finisse par être plongée dans les ténèbres à tout jamais. Aussi, dès que les jours se mettaient à allonger, ils allumaient des feux pour célébrer le retour de la lumière.

Avec le temps, les êtres humains se sont rendu compte que les saisons revenaient sans cesse et que les jours raccourcissaient en hiver et allongeaient en été. Mais, en dépit de ces découvertes, ils ont continué de célébrer la lumière, le dieu Soleil, au moment du solstice d'hiver.

Les fêtes de Noël et du Nouvel An

Vers le milieu du 4e siècle, en Europe, l'Église chrétienne a fixé la venue du Christ parmi les hommes le 25 décembre. Il semble qu'elle voulait ainsi combattre les fêtes « païennes » du solstice d'hiver. La fête de la lumière est alors devenue la fête de Noël. Quant au jour de l'An, c'est seulement depuis 1564 qu'il tombe le premier janvier. Avant cette date, l'année commençait le premier avril.

Les premiers colons qui sont arrivés d'Europe pour s'établir en Nouvelle-France ont apporté avec eux leurs traditions françaises.

Au début de décembre, nos ancêtres avaient coutume de faire boucherie, c'est-à-dire d'abattre des animaux pour se faire des provisions de viande en vue de l'hiver. Ils en profitaient en même temps pour apprêter les viandes qu'ils allaient servir pendant les fêtes. Les pâtés de lard, les tourtières, le ragoût de pattes de porc et les volailles farcies répandaient leur odeur à travers la maison. À ce parfum, se mêlaient ceux des desserts au chocolat, des beignets, des croquignoles et des sucreries.

Si les tables étaient bien garnies, les maisons, en revanche, restaient peu décorées. La tradition de l'arbre de Noël nous vient de l'Alsace et de l'Allemagne.

Elle n'est apparue chez nous qu'à la fin du 19e siècle. Quelques guirlandes suspendues au plafond suffisaient à donner à la maison son air de fête.

Le soir du 24 décembre, on attelait le cheval à la carriole pour se rendre à l'église du village, tout illuminée en l'honneur de la messe de minuit. Durant le trajet, le tintement des grelots accompagnait joyeusement le crissement des patins sur la neige. On se protégeait du froid en se couvrant d'épaisses fourrures.

Au retour de l'église, on se hâtait de réchauffer les plats, puis on réveillait les enfants. Tous les membres de la famille, parfois même les grands-parents, prenaient part au réveillon. Jusqu'au petit matin, on s'amusait à se raconter des blagues et à se taquiner.

La guignolée

Le 31 décembre, des bandes de jeunes gens parcouraient les rangs et les rues du village. Ils recueillaient des dons au profit des plus démunis. Ils s'arrêtaient devant chaque maison et entonnaient la chanson de la guignolée. Ensuite, ils entraient, prenaient un beignet ou un morceau de pain, puis repartaient en emportant avec eux les offrandes reçues : vêtements, bois de chauffage, nourriture, etc. Ces dons étaient distribués aux plus pauvres afin d'égayer leur jour de l'An et de les aider à passer l'hiver.

Le jour de l'An

Le matin du jour de l'An, les enfants se réunissaient autour du père et l'aîné lui demandait de bénir toute la famille. Après la bénédiction paternelle, c'était la distribution des étrennes. En règle générale, les parents offraient à leurs enfants des cadeaux qu'ils avaient fabriqués : mitaines, chandails, jouets en bois, confiseries, etc. Parfois, ils leur donnaient des oranges, denrée très rare à l'époque. Le midi et le soir, toute la parenté était invitée. On se réunissait autour d'un repas copieux et on échangeait des bons vœux pour la nouvelle année.

Les jours suivants, chaque famille invitait la parenté et les voisins à un grand repas. Les festivités et les réjouissances se poursuivaient ainsi jusqu'à la fête des Rois, le 6 janvier. Ce jour-là, on passait la veillée à chanter et à danser au son des violons.

Encore aujourd'hui, le temps des fêtes marque un moment de passage. En effet, cette période annonce une nouvelle année remplie de promesses, de résolutions, de souhaits. De l'époque lointaine où l'on célébrait la fête du Soleil, nous avons conservé le goût des lumières, des bougies, des mille feux qui scintillent en signe de réjouissance.

Le jeu-questionnaire

But du jeu

Accumuler le plus de points possible en répondant correctement au plus grand nombre de questions.

Matériel

Une feuille de papier et un crayon pour l'arbitre.

Déroulement du jeu

Chaque équipe répond à tour de rôle aux questions rédigées par l'équipe adverse. Chaque bonne réponse vaut un point. L'arbitre note au fur et à mesure les points obtenus.

Une fois que l'arbitre a posé une question, les participants ont 15 secondes pour y répondre. La personne qui lève la main la première donne sa réponse.

Si la réponse n'est pas bonne, l'arbitre annonce « mauvaise réponse » et accorde le point à l'équipe adverse.

Si personne ne répond dans le délai de 15 secondes, le point est accordé à l'équipe adverse.

La partie se termine lorsque l'arbitre a posé les dix questions à chacune des équipes. L'équipe gagnante est celle qui a accumulé le plus de points.

Règles du jeu

– Avoir un nombre égal de participants par équipe.

– Placer les pupitres des équipes et celui de l'arbitre comme ci-dessous.

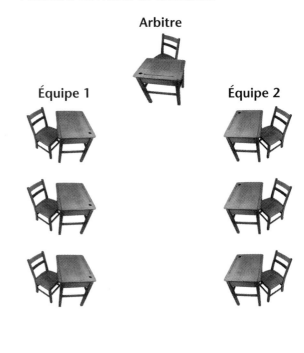

Arbitre

Équipe 1   Équipe 2

Tic Tic Tac Tic

Les mots voisins

But du jeu

Faire le plus de mots possible avec un mot de départ en remplaçant une seule lettre.

Matériel

Une feuille de papier et un crayon par participant.

Déroulement du jeu

Un des participants annonce à la classe le mot de départ. Les joueurs ont entre cinq et dix minutes pour trouver le plus de mots possible, qu'ils écrivent sur une feuille.

Une fois le délai écoulé, les quatre participants ramassent les feuilles, rangée par rangée, et comptent les points afin de déterminer la personne gagnante : deux points par mot trouvé.

S'il y a plusieurs gagnants, ils peuvent décider de faire une partie éliminatoire à partir d'autres mots, de leur choix.

Règles du jeu

– Les mots de départ sont : pire, poule, sage.

– La lettre à remplacer peut se trouver n'importe où dans le mot.

– La consultation du dictionnaire est interdite.

– Les nouveaux mots doivent avoir le même nombre de lettres que le mot de départ.

– Chaque nouveau mot est toujours formé à partir du mot de départ.

– Tous les mots sont permis, y compris les homonymes (c'est-à-dire des mots qui se prononcent de la même façon). Le « e » et le « é » sont deux lettres distinctes. Par exemple, le mot « fêLÉ », formé à partir du mot « fête », ne serait pas accepté puisque deux lettres ont été remplacées.

Voici un exemple :

Mot de départ	Nouveaux mots
fête (nom)	fête (verbe)
	fêtÉ
	fêtA
	fêLe

Exemples de solutions :

PIRE
Aire   pAre   piGe
Cire (nom)   pêre   pile
Cire (verbe)   pOre   piPe
Dire
Lire
Mire
Sire
Tire
Vire

POULE
Boule   poêle   pouCe   poulS
Coule   poupE
Foule
Goule
Houle
Joule
Moule (nom, mollusque)
Moule (nom, modèle pour façonner)
Moule (du verbe « mouler »)
Roule

SAGE
sAga   sale   Cage
saPe   Gage (nom)
saXe   Gage (verbe)
Mage
Nage (nom)
Nage (verbe)
Page (nom, côté d'une feuille de papier)
Page (nom, jeune valet)
Rage (nom)
Rage (verbe)

Le jeu des phrases bizarres

But du jeu

Composer une histoire insolite à partir de mots écrits au hasard.

Matériel

Une feuille de papier et un crayon par participant.

Déroulement du jeu

Chaque personne invente un **personnage** (nom commun) et l'écrit dans le haut d'une feuille. Elle plie ensuite cette partie de la feuille de façon qu'on ne puisse pas voir ce qui est écrit. Lorsqu'elle a terminé, elle passe sa feuille à son voisin ou à sa voisine de droite.

Sur la feuille qu'elle reçoit de son voisin ou de sa voisine, soit la deuxième feuille, elle écrit un **adjectif**. Elle répète ensuite le processus : elle plie la feuille et la passe à son voisin ou à sa voisine de droite. Sur la troisième feuille, elle écrit un **verbe**.
Sur la quatrième feuille, elle écrit un autre **groupe de mots**.

Ex. : La fée
horrible
chante
par la cheminée.

À la fin, chaque personne déplie la feuille qu'elle a entre les mains et lit la phrase obtenue à voix haute, en rétablissant, au besoin, les accords grammaticaux. Les rires sont permis !

Règles du jeu

– Il doit y avoir au moins quatre participants.
– Les participants ne doivent pas déplier la feuille qu'ils reçoivent pour éviter de rompre le suspense.

Étoiles décoratives

Matériel

- Du papier d'emballage avec des motifs de Noël
- Une règle
- Un crayon
- Des ciseaux
- De la colle
- Une aiguille à coudre
- Du fil

ATTENTION!
Sois prudent avec ce matériel.

Le texte suivant explique comment faire **une** étoile. Tu peux en fabriquer autant que tu veux.

1. Découpe 8 rectangles de 6 cm sur 8 cm ou de 8 cm sur 10 cm dans le papier.

2. Plie un premier rectangle au milieu, dans le sens de la longueur, puis déplie-le.

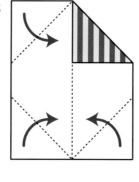

3. Rabats chaque coin sur le pli du milieu, comme le montre la figure ci-dessus.

4. Replie 2 des coins sur le pli du milieu. Tu devrais obtenir une branche en forme de cerf-volant.

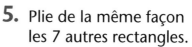

5. Plie de la même façon les 7 autres rectangles.

6. Colle chaque branche l'une sur l'autre, comme le montrent les figures ci-dessous. Tu obtiendras une étoile à longues branches en collant les côtés courts (■) et une étoile à courtes branches en collant les côtés longs (■). Colle la dernière branche sous la première.

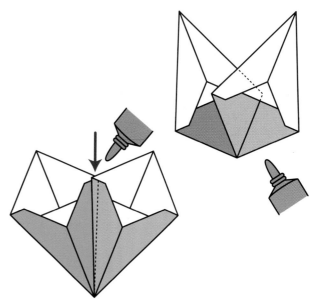

Idées de décoration

Tu peux coller ces étoiles sur certains objets. Tu peux aussi les assembler en guirlande à l'aide d'un fil et d'une aiguille. Enfin, s'il y a un sapin de Noël dans la classe, tu peux très bien le garnir d'étoiles.

Texte 10

Décorations en origami

Matériel

– Une règle

– Un crayon

– Des ciseaux

– Du carton mince

– Du papier d'emballage, du papier fort et des retailles de papier de couleur

> **ATTENTION !**
> **Sois prudent avec ce matériel.**

1. Mesure et découpe un carré de 13 cm sur 13 cm dans le carton. Ce sera ton modèle pour découper des carrés de papier.

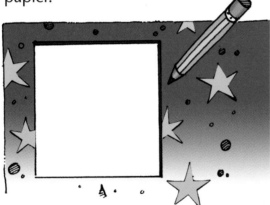

2. Plie un carré en deux. S'il y a un motif sur un côté, assure-toi que ce côté soit à l'intérieur. Déplie le carré et plie-le dans l'autre sens, le motif toujours à l'intérieur.

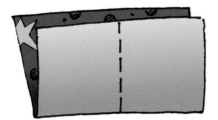

3. Ouvre le carré et plie-le en deux en diagonale, cette fois-ci avec le motif à l'extérieur. Déplie le carré et plie-le en diagonale dans l'autre sens.

4. Déplie le carré de nouveau et place-le de façon que le motif soit sur le dessus. Pousse les côtés vers l'intérieur jusqu'à ce que tu obtiennes un triangle. Appuie sur les plis avec ton ongle pour bien les marquer. Fabrique d'autres triangles en origami et essaie la suggestion ci-contre.

5. Enfile un grand bout de laine dans une aiguille et noue une extrémité. Fais passer l'aiguille par le dessous du triangle et pique-la à travers la pointe du centre. Tire sur la laine jusqu'à ce que le nœud t'empêche d'aller plus loin. Fais un nœud dans le fil à environ 8 cm au-dessus du triangle et fais passer l'aiguille à travers un autre triangle. Continue à faire des nœuds et à ajouter des triangles.

Suspends la guirlande dans le sapin, dans l'embrasure d'une porte, dans une fenêtre ou n'importe où dans la classe. Tu peux aussi réaliser une guirlande avec des mini-triangles.

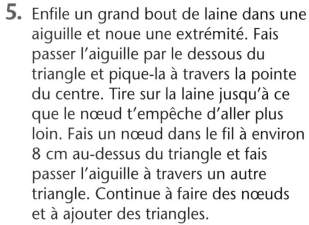

Chapeau en papier journal

Matériel

– Des journaux

– De la colle ou une agrafeuse

– Des ciseaux

> **ATTENTION !**
> **Sois prudent**
> **avec ce matériel.**

1. Tu roules ensemble plusieurs feuilles de papier journal pour obtenir un cône. Tu fixes le tout avec des agrafes ou de la colle et tu égalises la base.

2. Tu plies ensemble d'autres feuilles de papier journal. À partir du pli, tu déchires des demi-cercles de différente largeur.

3. Toujours à partir du pli, tu déchires une ouverture au centre des demi-cercles. Une fois dépliés, ces demi-cercles forment des anneaux.

4. Tu glisses les anneaux le long du cône, en commençant par les plus larges.

Adaptation d'un texte de Francine DUBÉ et Suzanne DUBUC, *Chapeaux fantaisistes*, p. 4 et 12. © Les Éditions Héritage inc., 1993.

❶

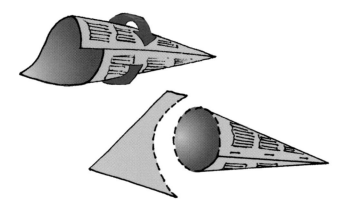

❷

❸

❹

Projet 7

Vivre sa vie

Madame Bolduc

Une pionnière de la chanson québécoise

Qui n'a pas entendu les « turluttes[1] » de madame Bolduc ? Elles ont égayé tant de veillées, partout au Québec et ailleurs au Canada, chez les Canadiens francophones ! Aujourd'hui, madame Bolduc n'est plus, mais ses chansons font partie de notre héritage.

Une Gaspésienne énergique

Mary Travers, qu'on connaîtra plus tard sous le nom de madame Bolduc, vit le jour à Newport, en Gaspésie, en 1894. Avant même qu'elle aille à l'école, son père lui apprit à jouer du violon, de l'accordéon, de l'harmonica, de la guimbarde et des cuillers[2].

À cette époque, les conditions de vie étaient difficiles dans les régions éloignées des grands centres, comme la Gaspésie. Les enfants devaient souvent quitter tôt le domicile familial pour aller gagner leur vie dans les villes.

Pour payer son billet de train à destination de Montréal, Mary travailla pendant deux hivers avec son père dans un camp de bûcherons. C'est ainsi que, dès l'âge de 13 ans, elle quittait sa région natale et trouvait un travail de bonne[3] dans une famille du carré Saint-Louis. Ses patrons lui versaient un salaire mensuel de 12 $. Ils ne lui accordaient qu'une journée par mois pour se reposer, 2 heures par semaine pour assister à la messe ou aux vêpres et 30 minutes chaque soir pour lire les journaux.

---

1. Madame Bolduc appelait « turluttes » les sons qu'elle produisait en tournant la langue dans sa bouche tout en chantant.
2. Autrefois, on marquait souvent le rythme d'une musique en frappant deux cuillers mises dos à dos.

---

3. Une bonne est une femme chargée de faire le ménage et de préparer les repas chez un employeur.

Mary Travers dans sa jeunesse, au parc Lafontaine.

Une jeune fille ingénieuse

Débrouillarde, Mary sut vite trouver des emplois qui lui procurèrent un salaire plus convenable et de meilleures conditions de travail. Elle avait toujours rêvé de devenir couturière et de dessiner ses propres patrons. Désireuse d'apprendre à coudre, elle se fit embaucher dans une manufacture de robes. Après deux ans seulement, elle réalisait son rêve.

Mary participait souvent à des soirées improvisées en compagnie d'amis musiciens. Avec eux, cette habile musicienne aimait faire danser les gens sur des airs de gigues, de « sets carrés[1] », de rigodons et de valses. C'est au cours d'une de ces veillées qu'elle fit la rencontre de son mari, Édouard Bolduc, plombier de son métier et excellent musicien. Ils eurent ensemble 13 enfants.

---

1. Un « set carré » est une danse où les couples de danseurs exécutent une série de figures.

Ses premiers succès

Un jour, on offrit à Mary d'enregistrer un disque : elle devait jouer du violon avec deux autres musiciens. Elle demanda alors à chanter des textes qu'elle avait composés. Son premier disque tourna beaucoup dans les stations de radio et se vendit comme des petits pains chauds.

Madame Bolduc innovait par les sujets de ses chansons et par ses « turluttes ». Fine observatrice des êtres humains et des événements, elle racontait avec humour les joies et les misères de la vie quotidienne à Montréal. Par exemple, sa chanson *Y a longtemps que je couche par terre* était inspirée d'une réalité amusante : lorsque sa famille et ses amis lui rendaient visite à Montréal, ils étaient si nombreux qu'ils occupaient tous les lits ; elle devait donc coucher par terre.

Les Bolduc avec trois de leurs enfants : Denise, Jeannette et Lucienne.

La femme-orchestre

Grâce à sa nouvelle popularité, on lui proposa de donner des spectacles au Monument national au cours des « Soirées du bon vieux temps ». Elle eut quelques hésitations à cause de ses responsabilités familiales, mais elle finit par accepter.

Madame Bolduc révéla rapidement ses talents de femme-orchestre : sur scène, elle chantait ses chansons et jouait de tous les instruments qu'elle avait appris dans son enfance. Soir après soir, le public venait l'entendre et l'acclamer. Les gens l'adoraient, car ils se reconnaissaient dans ses chansons.

Madame Bolduc, au centre, en compagnie de deux autres musiciens.

Madame Bolduc organisa une longue tournée dans toutes les régions du Québec. C'était la première fois que des artistes montréalais se rendaient jusqu'en Gaspésie et sur la Côte-Nord pour donner des spectacles. Organisatrice de grand talent, elle dirigea aussi des tournées dans les provinces maritimes, en Nouvelle-Angleterre et en Ontario. Partout, les gens venaient applaudir cette grande artiste qui leur ressemblait et osait parler de leurs petites misères comme de leurs petites joies.

En juin 1937, elle subit de nombreuses fractures au cours d'un accident de voiture. À partir de ce moment, sa santé devint chancelante. Elle poursuivit quand même sa carrière dans les salles de Montréal et de la banlieue. Atteinte d'un cancer, elle mourut le 20 février 1941 à l'âge de 46 ans.

Mary Travers-Bolduc dans son costume des « Soirées du bon vieux temps ».

« La Bolduc ne sera jamais morte », avait-elle dit quelques jours avant de mourir. Elle avait vu juste. Ses chansons, qu'on entend encore aujourd'hui, gardent son souvenir toujours vivant. Un film immortalise également cette grande artiste québécoise.

Antoine de Saint-Exupéry

Le prince de l'enfance

« C'est le temps que tu as perdu pour ta rose qui fait ta rose si importante », dit le renard au petit prince.

Quelques mois après avoir écrit *Le petit prince*, Antoine de Saint-Exupéry disparut à bord de son avion au cours d'une mission de guerre.

Une enfance heureuse

Un siècle tout neuf attendait Antoine de Saint-Exupéry. En effet, il vint au monde le 29 juin 1900, à Lyon, en France. Antoine n'avait que quatre ans quand son père, inspecteur d'assurances, mourut. Sa mère, Marie Boyer de Fonscolombe, communiqua à ses enfants l'amour de la nature et le sens du dépassement de soi.

Antoine vécut dans un climat de tendresse, de jeux et de privilèges, entouré de trois sœurs et d'un frère, d'une gouvernante dévouée et d'une mère affectueuse. Il était turbulent, intrépide et même autoritaire. On raconte qu'il obligeait sa gouvernante à l'accompagner dans le jardin avec des tortues en laisse, des chiens et une chatte.

La passion des avions

Antoine pouvait rester de longs moments à regarder travailler les mécaniciens et les pilotes d'avion. Dans l'enthousiasme des débuts de l'aviation, il tenta même de voler après avoir posé des ailes à sa bicyclette. À l'âge de 12 ans, il fut invité par le pilote Védrines à monter à bord de son appareil.

Antoine était beaucoup plus intéressé par les activités parascolaires que par ses études. Il pouvait passer des heures à lire, à discuter et à jouer du violon. À l'école secondaire, ses résultats scolaires furent médiocres.

L'avion et le stylo

À l'âge de 21 ans, le jeune homme prit des leçons de pilotage et obtint son brevet de pilote civil. Quelques mois plus tard, il reçut son brevet de pilote militaire. Saint-Exupéry s'engagea comme pilote dans une compagnie spécialisée dans

Timbre à l'effigie de Saint-Exupéry.

le transport du courrier. Pendant ses missions, il survola les continents aux commandes d'appareils fragiles, qui tombaient souvent en panne. Tout dans son métier lui plaisait : le risque, la chaleur humaine qui régnait entre les membres de son équipe, l'entraide, le plaisir de retrouver les camarades à l'escale.

Saint-Exupéry avait deux grandes passions : voler et écrire. Seul à bord de son avion ou dans le désert où il devait parfois atterrir, il cherchait à donner un sens à la souffrance, au travail, à l'amour. Il avait besoin d'agir, de s'engager et de ressentir les émotions du vol pour écrire. Sa réflexion l'amena à écrire de nombreuses œuvres importantes, reconnues dans le monde entier.

Dans deux de ses romans, *Courrier Sud* et *Vol de nuit*, le poète-pilote décrit son admiration à la vue de la terre qui se déroule sous lui. Ses mots font vibrer le lecteur et lui communiquent une autre vision de l'Univers et des hommes.

Saint-Exupéry à bord de son avion.

Une guerre monstrueuse

Pilote d'essai et technicien compétent, il se vit confier des missions délicates qu'il exécuta avec succès. Il perfectionna des méthodes d'atterrissage pour les avions télécommandés qui transportaient de l'eau et des vivres dans des endroits inaccessibles.

Du haut des airs, pendant la guerre, le pilote voyait et ressentait la douleur des femmes et des enfants victimes de la violence. Il souffrait d'être impuissant devant tant de morts inutiles. Pour cet homme qui cherchait à créer des liens entre les êtres humains, la guerre était absurde et intolérable.

Parmi ses nombreux écrits, *Le petit prince* est celui qui trace le portrait le plus authentique de Saint-Exupéry et de son idéal social. Ce conte a été traduit en 80 langues et a franchi la barrière des nationalités, des religions et des cultures.

En juillet 1944, lors d'un vol de reconnaissance, Antoine de Saint-Exupéry disparut en mer. Serait-il allé rejoindre le petit prince sur sa planète ?

Aquarelle originale du petit prince sur sa planète.

Antonine Maillet

La voix de l'Acadie

Quand j'étais petite fille, je voulais raconter des histoires, même je voulais conter des menteries. J'ai tellement conté de menteries que j'ai appris à écrire comme ça. [...] Bien sûr, on m'a tapé les fesses pour avoir conté des menteries mais un peu plus tard, on m'a donné un prix Goncourt[1] pour avoir fait exactement la même chose.

C'est ce que raconte Antonine Maillet, l'auteure qui a fait connaître l'Acadie dans le monde grâce à ses romans et à ses pièces de théâtre.

Née dans un pays de conteurs

Antonine Maillet naît le 10 septembre 1929 dans un petit village acadien, à Bouctouche au Nouveau-Brunswick. Son père et sa mère sont tous deux enseignants. Ils sont surtout portés vers la culture française et tiennent à ce que leurs enfants préservent leurs racines et leur langue, le français.

La petite Antonine aime beaucoup écouter les adultes raconter des histoires. Et, en Acadie, les conteurs ne manquent pas. C'est par eux que les traditions se transmettent de génération en génération. À partir de leurs récits colorés, où les bateaux, la mer, la pêche sont très présents, Antonine imagine ses propres histoires.

Un vœu d'enfant

Le jour de ses 10 ans, sa mère lui dit : « Aujourd'hui, tu as le droit de faire un vœu puisque tu as 10 ans, le 10 du mois. C'est une occasion qui ne se présente qu'une fois dans la vie. Tu dois donc souhaiter quelque chose que tu voudras même encore à 40 ans. » Antonine n'hésite pas. Son vœu est le suivant : raconter l'histoire de personnages imaginaires qui ressemblent à des gens qu'elle connaît. Voilà ce qu'elle aimerait faire toute sa vie.

---

1. Le prix Goncourt est un prix littéraire très prestigieux. Antonine Maillet a été la première femme francophone n'habitant pas la France à remporter ce prix, en 1979, pour son roman *Pélagie-la-Charrette*. Ce roman a été traduit en anglais, en slovaque et en bulgare.

Elle imagine d'abord des petits drames qu'elle met en scène avec ses frères et sœurs. Plus tard, lorsqu'elle devient enseignante, elle écrit des pièces de théâtre, puis les fait jouer par ses élèves.

Le premier roman qu'elle publie, en 1958, lui vaut tout de suite un prix littéraire, le prix Champlain. Puis, elle enchaîne avec d'autres romans et pièces de théâtre. Parallèlement, elle enseigne et étudie en lettres à l'Université de Montréal et à l'Université Laval, où elle obtient un doctorat.

Aujourd'hui, Antonine Maillet a à son actif plus d'une trentaine d'œuvres qui lui ont valu de nombreux prix littéraires. Elle poursuit toujours sa carrière d'écrivaine.

Une œuvre typiquement acadienne

Antonine Maillet écrit ses premières œuvres dans un français que l'on dit « international ». En lisant Rabelais, un auteur du Moyen Âge, elle s'aperçoit que le français parlé par les vieux Acadiens ressemble beaucoup à la langue de Rabelais, le vieux français. Le déclic se fait : il n'y a pas de raison pour que l'acadien ne s'écrive pas. À partir de ce moment-là, ses personnages s'expriment dans cette langue. C'est ce qui fait toute l'originalité de l'œuvre d'Antonine Maillet.

La Sagouine

La Sagouine est le personnage d'Antonine Maillet le plus populaire. Qui ne connaît pas cette femme de ménage, naïve mais rusée, qui s'exprime avec des « j'avions dit » ? La Sagouine n'est pas un personnage inventé. Pour le créer, Antonine Maillet s'est inspirée d'une tireuse de cartes de son coin de pays. Elle y a ajouté des traits de caractère d'autres personnes. Ainsi est née la Sagouine.

Viola Léger dans le rôle de la Sagouine.

L'Acadie

Pour comprendre l'œuvre d'Antonine Maillet, il faut connaître un peu l'histoire de l'Acadie. Située à l'est du Québec, l'Acadie est occupée par les Français à partir du 16e siècle. En 1713, la France cède l'Acadie aux Anglais. Elle abandonne ainsi à leur sort les Français qui y vivent.

En 1755, les Anglais, qui ont peur d'une rébellion, décident de déporter ces quelque 12 000 Français un peu partout en Amérique du Nord. C'est ce que les Acadiens ont appelé le Grand Dérangement. Des années plus tard, certains reviennent au pays. Ce sont leurs descendants qu'on appelle les Acadiens.

Au cours des ans, ils ont gardé une langue, une identité et une culture qui leur sont propres. C'est de cela précisément qu'Antonine Maillet s'inspire.

Charlie Chaplin

Un artiste complet et universel

Chapeau melon, petite moustache noire, redingote, grandes chaussures et canne de bambou… On l'a reconnu ! Il s'agit, bien entendu, de Charlot, personnage universellement célèbre créé par Charlie Chaplin ! Encore aujourd'hui, de nombreux cinéphiles de tous les coins du monde admirent ses films, pourtant vieux de 80 ans !

Une enfance triste

À la fin du 19e siècle, les chanteurs de music-hall Hannah et Charles Chaplin donnaient des spectacles dans toute l'Angleterre avec une troupe de comédiens. Ce couple eut deux fils : Sydney et Charles Spencer. Charles, qu'on surnomma Charlie, naquit à Londres le 16 février 1889.

Les deux enfants apprirent le métier d'acteur avec leurs parents. Dès l'âge de six mois, Charlie fit une apparition sur scène comme figurant. À cinq ans, il lui arriva même de remplacer sa mère en panne de voix. Sûr de lui, il avait entonné une chanson devant un public ravi qui lui lançait des pièces de monnaie.

Le jeune Charlie n'a rien connu de la vie normale d'un enfant de son âge : confort, école, routine, etc. Son enfance fut triste et misérable. Son père alcoolique et sa mère, de santé fragile, abandonnèrent la scène et confièrent Charlie à l'assistance publique. Déjà, à sept ans, il vivait en compagnie des mendiants et des déshérités. Ce souvenir le marqua profondément et inspira son premier long métrage, *Le gosse*, tourné en 1921. Dans ce film, Charlot tente par tous les moyens d'éviter qu'un orphelin de quatre ans soit confié à l'assistance publique.

Scène tirée du film *Le gosse*.

Devant et derrière la caméra

Vers l'âge de 15 ans, Charlie décrocha un rôle dans une pièce de théâtre. C'est là qu'il apprit les techniques du métier. Parfois, il lui arrivait même de jouer gratuitement, pour augmenter ses connaissances.

Il découvrit également les secrets de la pantomime en montant des spectacles où il s'exprimait seulement par des gestes et des mimiques. Il trouva sa façon à lui de se faire comprendre, à la fois imagée, claire, sobre, sans artifices : juste ce qu'il faut et rien de trop. En amplifiant les traits de ses personnages, il sut les faire aimer. C'est ainsi qu'il créa le personnage de Charlot.

Charlie Chaplin toucha à tous les métiers du cinéma. Tantôt, il était Charlot l'acteur qui amusait et provoquait le rire. Tantôt, il se faisait plus discret et restait derrière la caméra. Là, il étudiait les détails, il imaginait de nouveaux tableaux et, quand se présentait l'instant magique, il lançait : « Silence, on tourne ! » Il composa aussi de la musique de film, dessina des esquisses de décors ou d'affiches et conçut des costumes.

Le film *Les Temps modernes* est considéré comme un chef-d'œuvre.

Charlie Chaplin cherchait à faire rire son public tout en le faisant réfléchir. Il y parvint grâce à son sens de l'observation et à son souci de l'exactitude. Ses films sont des chefs-d'œuvre d'intelligence qui reflètent ses préoccupations sociales et son amour de l'humanité. Par ses personnages, il a su dénoncer l'hypocrisie, l'injustice et la violence.

Chaplin aimait faire rire, mais il voulait aussi faire réfléchir.

Chaplin dans son dernier film, *La comtesse de Hong-Kong*.

Les voyages de la renommée

Au début du 20e siècle, Charlie Chaplin fut engagé par une troupe de music-hall et fit une grande tournée en France d'abord, puis en Amérique. En 1912, il s'installa aux États-Unis pour se consacrer entièrement au cinéma. Il tourna plus de 60 films entre 1913 et 1917 ; de 1918 à 1923, il tourna 8 longs métrages en tant que réalisateur et interprète. Après une tournée de deux ans autour du monde, le personnage de Charlot avait franchi toutes les frontières. Le maître du cinéma muet se consacra ensuite à la scénarisation et à la réalisation.

En 1964, Charlie Chaplin écrivit son autobiographie, *Histoire de ma vie*. Un an plus tard, il réalisa son dernier film : *La comtesse de Hong-Kong*. Cet homme aux talents multiples mourut le 25 décembre 1977.

Jane Goodall

Une observatrice passionnée des chimpanzés

Peu de gens connaissent le nom de Jane Goodall. Pourtant, on a pu voir, à la télévision, des films sur cette femme qui a vécu avec les chimpanzés pour mieux les connaître.

Une enfance dans la nature

Jane naquit à Londres, en Angleterre, le 3 avril 1934, d'un père ingénieur et d'une mère qui adorait l'aventure. Comme la maison familiale était située à la sortie de la ville, Jane passa ses premières années dans la nature. Sa famille vécut quelque temps en France, puis elle revint en Angleterre à cause de la guerre. Ses parents s'installèrent alors dans un manoir près de la mer.

Toute petite, Jane adorait déjà les animaux et pouvait passer des heures à les observer. À cinq ans, par exemple, elle assista à la ponte d'un œuf dans le poulailler de la propriété familiale. Elle avait attendu l'événement de longues heures ; pendant ce temps, sa mère l'avait cherchée partout. Quand elle eut retrouvé la fillette, elle ne la gronda pas ; elle l'invita plutôt à lui raconter ce qu'elle avait vu.

L'amour des animaux

Jane avait une véritable passion pour les animaux. Elle s'intéressait non seulement aux chiens et aux chats, mais aussi aux insectes, aux oiseaux, aux poissons, aux grenouilles, aux lézards et aux méduses. Souvent, elle grimpait aux arbres pour mieux écouter le chant des oiseaux.

Les chimpanzés l'attiraient particulièrement parce qu'ils ressemblaient aux humains. Elle rêvait de partir pour l'Afrique après ses études secondaires. Elle voulait observer ces animaux dans leur milieu naturel. Son rêve se réalisa puisqu'elle reçut une invitation d'une amie qui habitait le Kenya. C'est ainsi qu'à l'âge de 23 ans, après avoir travaillé pour gagner l'argent de son voyage, elle partait pour l'Afrique !

La réalisation de son rêve

En Afrique, Jane fit la connaissance de Louis Leakey, anthropologue et paléontologue[1], qui lui offrit un travail de secrétaire. Elle put ainsi participer aux expéditions du savant dans le parc national de Nairobi, au Kenya. Plus tard, le scientifique lui proposa d'entreprendre une expédition à Gombe, en Tanzanie, pendant que lui et sa femme poursuivraient leurs recherches à Nairobi.

Même si Jane n'avait pas fait d'études universitaires, elle possédait toutes les qualités nécessaires pour faire une telle expédition : elle était déterminée, persévérante, patiente et minutieuse. Mais, par-dessus tout, elle était prête à vivre parmi les singes.

À l'âge de 25 ans, elle partit donc pour Gombe, au pays des chimpanzés. Comme il était interdit de vivre seul en forêt, sa mère l'accompagna. Jane dut patienter un an avant d'approcher les singes à une distance de 100 mètres. Par la suite, pendant 28 ans, jour après jour, elle se consacra à l'étude du comportement et des mœurs de ces animaux.

Jane était fascinée par tous les aspects de la vie des chimpanzés : leur capacité de se servir d'outils et même d'en fabriquer, leurs moyens de communication, leur sens de la famille, l'organisation de leur société, etc. Avec le temps, elle découvrit que les chimpanzés utilisaient un langage de cris et de gestes qu'on pouvait comparer à celui des humains.

La nature et les animaux : les deux passions de Jane Goodall.

Le désir de communiquer

Pendant toutes ces années passées à tenter de comprendre les singes, Jane Goodall s'employa aussi à communiquer sa passion. Elle fonda un centre de recherche à Gombe où des étudiants venaient de tous les coins du monde pour observer les mœurs des chimpanzés et des babouins. De plus, elle écrivit des livres et donna des conférences.

---

1. L'anthropologue étudie la vie et les coutumes des humains ; le ou la paléontologue étudie les fossiles d'animaux et de plantes.

Madame Goodall en compagnie de Tess, 5 ou 6 ans, Sophie, 7 ans, et Bahati, 3 ans.

Cette femme s'intéressa également au sort des singes en captivité dans les parcs et les jardins zoologiques. Elle fit de nombreuses démarches pour qu'on leur donne des espaces convenables et une nourriture adaptée à leurs besoins.

Jane avait une curiosité inlassable et une grande ténacité ; c'est là qu'elle a trouvé le courage d'affronter les dangers de la jungle. Grâce à cette chercheuse infatigable, nous connaissons mieux la vie des chimpanzés dans leur habitat naturel ; nous avons aussi de nouveaux outils pour étudier le comportement des humains.

Jane Goodall lors d'une conférence.

Roberta Bondar

La première femme astronaute au Canada

Roberta Bondar n'avait que 15 ans quand le premier homme de l'espace, le Russe Youri Gagarine, fit le tour de la Terre en 108 minutes. Trente et un ans plus tard, cette femme poursuivait la conquête de l'espace, devenant ainsi la première Canadienne de l'épopée spatiale.

Une fille curieuse

Roberta Lynn Bondar est née à Sault-Sainte-Marie, en Ontario, le 4 décembre 1945. Sa mère, Mildred, était enseignante et son père, Edward, travaillait pour l'administration municipale. Roberta avait une sœur aînée, Barbara. Les deux filles étaient très attachées l'une à l'autre.

Roberta aimait beaucoup le sport. Elle faisait du ski, du patin, du tir à l'arc et du canot-camping. En dernière année du secondaire, elle remporta le titre de l'athlète féminine de l'année.

Vers l'âge de huit ans, Roberta commença à s'intéresser à l'espace. Elle observait les étoiles et les aurores boréales. La lecture d'ouvrages de science-fiction la passionnait, de même que la fabrication de modèles de fusées. Sa famille l'encouragea à développer son esprit scientifique. Son père lui construisit un laboratoire au sous-sol de la maison familiale et son oncle pharmacien lui offrit un microscope. De plus, une tante qui vivait en Floride lui fournissait régulièrement de l'information au sujet du programme spatial américain.

Madame Bondar avec les six autres membres d'équipage.

Des rêves ambitieux

Roberta était attirée par trois carrières : les sciences pures, la médecine et l'astronautique. Elle entreprit des études universitaires et obtint un doctorat en neurologie ainsi qu'un diplôme en médecine. À 31 ans, elle avait déjà réalisé deux de ses rêves.

En 1982, elle devint professeure de médecine et directrice d'une clinique spécialisée dans le traitement de la sclérose en plaques. Elle s'intéressait également aux accidents cardiovasculaires chez les enfants et elle publia des articles sur le sujet.

Un voyage dans l'espace

Le rêve de Roberta de voyager dans l'espace était encore bien présent dans son esprit et il allait bientôt devenir réalité. En 1983, elle se présenta avec 4300 autres candidats au Programme des astronautes canadiens. On sélectionna six personnes, dont une seule femme, Roberta. Le premier Canadien à voyager dans l'espace, le Québécois Marc Garneau, faisait aussi partie de ce groupe.

Roberta Bondar participa à l'entraînement des astronautes, sans savoir avec certitude si elle ferait partie un jour d'une mission spatiale. Cet entraînement était très sérieux et très exigeant. Dans un module qui simulait les manœuvres d'un vol réel, Roberta s'habitua à l'état d'apesanteur[1] et aux variations d'orientation d'un vaisseau spatial. Elle s'entraîna aussi à la plongée sous-marine pour pouvoir survivre dans l'eau et apprit à réagir en cas d'accident. En même temps, elle effectua des recherches sur les modifications que subit le corps humain dans l'espace et sur le traitement des problèmes cardiovasculaires.

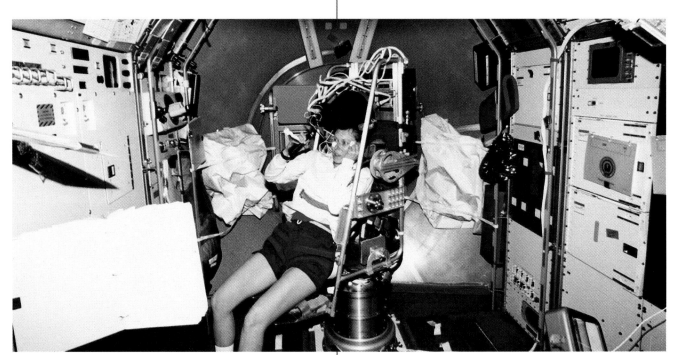

Une séance d'entraînement.

---

1. Dans un vaisseau spatial en orbite, l'astronaute flotte parce qu'il ne ressent pas son propre poids.

Une expérience exceptionnelle

Le 22 janvier 1992, Roberta Bondar décollait à bord de la navette *Discovery* en compagnie de six autres membres d'équipage. Pendant son séjour dans l'espace, elle passa 12 heures par jour à observer et à analyser différents phénomènes. Elle constata ainsi que son corps avait subi des changements depuis son départ : il avait grandi de cinq centimètres. Elle observa aussi que les petits organismes vivants comme les embryons de grenouilles, les plantes telles que le blé et l'avoine, de même que les cristaux cultivés grossissaient dans l'espace.

Le 30 janvier suivant, la navette revenait sur la Terre. De nouveau soumis à l'attraction terrestre, les astronautes se sentirent très lourds… Onze jours durant, ils subirent des examens de toutes sortes.

La reconnaissance

Roberta Bondar fut la première femme canadienne à explorer l'espace. En 1992, elle quitta le Programme des astronautes canadiens. Sa contribution au domaine scientifique fut reconnue par plusieurs universités ainsi que par le gouvernement canadien. Cette même année, le gouvernement de l'Ontario, qui voulait intéresser les jeunes aux sciences, offrit une récompense portant son nom.

À 47 ans, Roberta Bondar avait réalisé tous ses rêves d'enfant grâce à sa ténacité et à sa curiosité intellectuelle.

Décollage de la navette spatiale *Discovery*.

Louis Braille

Un homme ingénieux

Il arrive parfois des accidents qui changent le cours d'une vie. Certaines personnes se résignent et subissent leur sort. D'autres, au contraire, décident de surmonter les obstacles et de donner un sens nouveau à leur vie. Ce fut le cas de Louis Braille.

Un accident décisif

Louis Braille était le plus jeune d'une famille de quatre enfants. Né le 4 janvier 1809, il passa son enfance dans le petit village agricole de Coupvray, près de Paris. Monique, sa mère, s'occupait de la ferme tandis que son père, Simon-René, tenait une sellerie. Un jour, en s'amusant dans l'atelier de son père, l'enfant se blessa à l'œil avec un outil. L'infection s'installa et atteignit l'autre œil. À l'âge de trois ans, le jeune Louis devenait aveugle.

En ce temps-là, les enfants aveugles n'avaient pas la possibilité d'apprendre à lire ou à écrire. Souvent, ils se retrouvaient mendiants. Quelques-uns seulement parvenaient à exercer un métier. Et encore, pas n'importe lequel ! Seuls les métiers comportant des gestes répétitifs leur convenaient.

Un grand désir de lire

Atteint de cécité, le jeune Louis ne pouvait plus s'amuser comme les autres enfants et dut apprendre à vivre autrement. Il commença à être attentif aux sons qui l'entouraient : le tintement des harnais des chevaux, l'aboiement des chiens, la résonance des voix sur les murs, etc. Il apprit à reconnaître les objets à leur forme et à leur texture. Grâce au dévouement du père Jacques Palluy, il put même s'inscrire à l'école, où il se classa premier. Mais il refusait d'être privé pour toujours de la capacité de lire.

À 10 ans, il entra à l'Institut royal des jeunes aveugles, situé à Paris. Dans cet établissement, on apprenait à lire au moyen de très grosses lettres imprimées en relief. Cette technique n'était pas commode puisqu'on avait déjà oublié le début d'une phrase avant d'arriver à la fin. Lire était une véritable corvée !

Une patience inébranlable

Un jour, un nouveau directeur fut nommé à l'Institut. Il avait à cœur d'améliorer le sort de ses élèves. Il ouvrit donc les portes de l'école à des inventeurs qui proposaient de remplacer les lettres par des points et des traits. Mais ce système d'écriture, inventé par Charles Barbier, était encore compliqué. Il y avait trop de points par mot et il était impossible d'utiliser une ponctuation.

Louis, qui avait alors 15 ans, fut fasciné par cette invention et décida de l'améliorer. Il passa de longues heures, des nuits entières même, à chercher comment disposer les points pour représenter les lettres. Finalement, il s'inspira des combinaisons du jeu de dominos. Les points perforés pouvaient ainsi former des figures très petites, faciles à sentir sous les doigts.

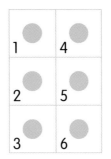

Les six points du domino sont à la base du système braille ; chacun est numéroté. L'écriture braille comprend 63 combinaisons ou caractères. La figure suivante représente des caractères qui correspondent aux 26 lettres de notre alphabet.

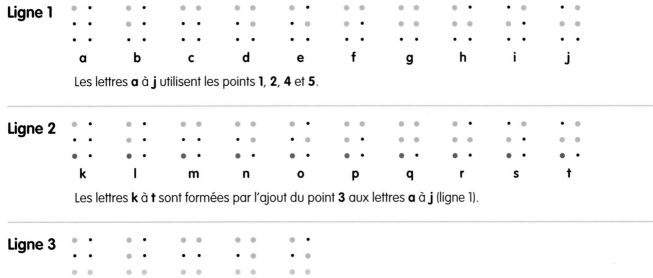

Ligne 1

a   b   c   d   e   f   g   h   i   j

Les lettres **a** à **j** utilisent les points **1**, **2**, **4** et **5**.

Ligne 2

k   l   m   n   o   p   q   r   s   t

Les lettres **k** à **t** sont formées par l'ajout du point **3** aux lettres **a** à **j** (ligne 1).

Ligne 3

u   v   x   y   z

Les lettres **u**, **v**, **x**, **y** et **z** sont formées par l'ajout des points **3** et **6** aux lettres **a** à **e** (ligne 1).

Ligne 4

w

La lettre **w** correspond à un autre patron : on ajoute le point **6** à la lettre **j** de la ligne 1.

Le courage de poursuivre…

Ses camarades de classe se réjouirent de cette invention. Grâce à elle, ils pouvaient enfin lire facilement ; ils pouvaient même écrire en perforant le papier. Fort de sa découverte, Louis forma le projet de publier un livre pour apprendre à lire à tous les aveugles. Mais il ne réussit pas à obtenir l'argent nécessaire.

Louis fut nommé professeur à l'Institut à l'âge de 19 ans. Il communiqua à ses élèves sa passion pour la musique et la mathématique. En même temps, il continuait à chercher l'argent nécessaire pour publier son livre.

Malheureusement, à 26 ans, il subit une première attaque de tuberculose, maladie qu'on ne guérissait pas encore à l'époque. Après quelques mois de repos, il put reprendre son travail et ses recherches en vue de trouver une écriture musicale pour les aveugles. Mais la maladie l'emporta le 6 janvier 1852.

Louis Braille à l'œuvre.

Grâce à Louis Braille, les non-voyants peuvent désormais lire et écrire.

L'écriture braille est utilisée à l'échelle internationale ; elle a été adaptée à l'arabe, au chinois, au japonais et à certaines langues africaines. Elle permet aux millions de non-voyants dans le monde d'accéder au savoir. La curiosité, la patience et l'esprit inventif de Louis Braille ont servi à donner à tous ces gens plus d'indépendance et de liberté.

Annexes

Mes stratégies de lecture

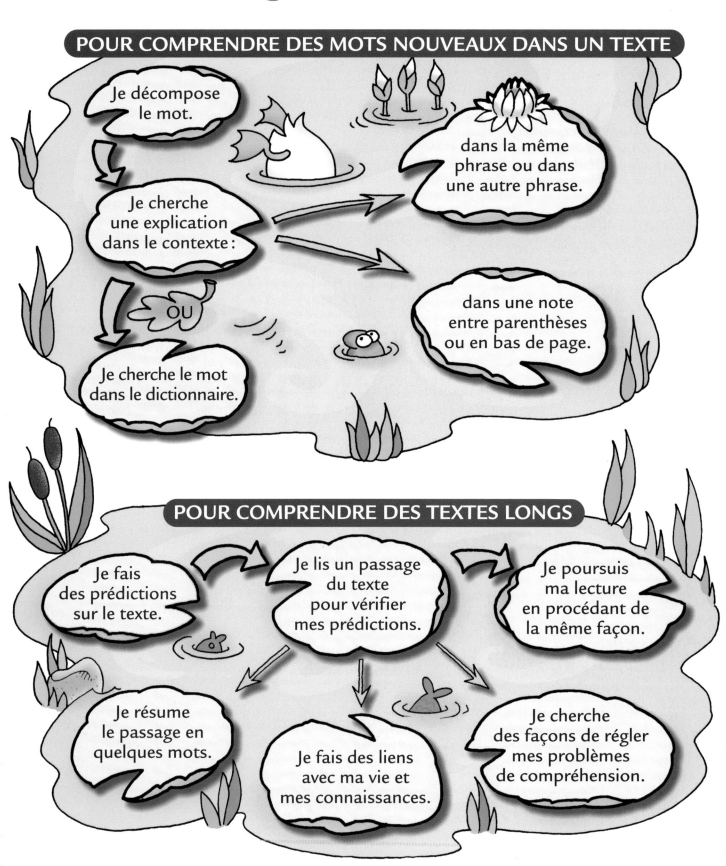

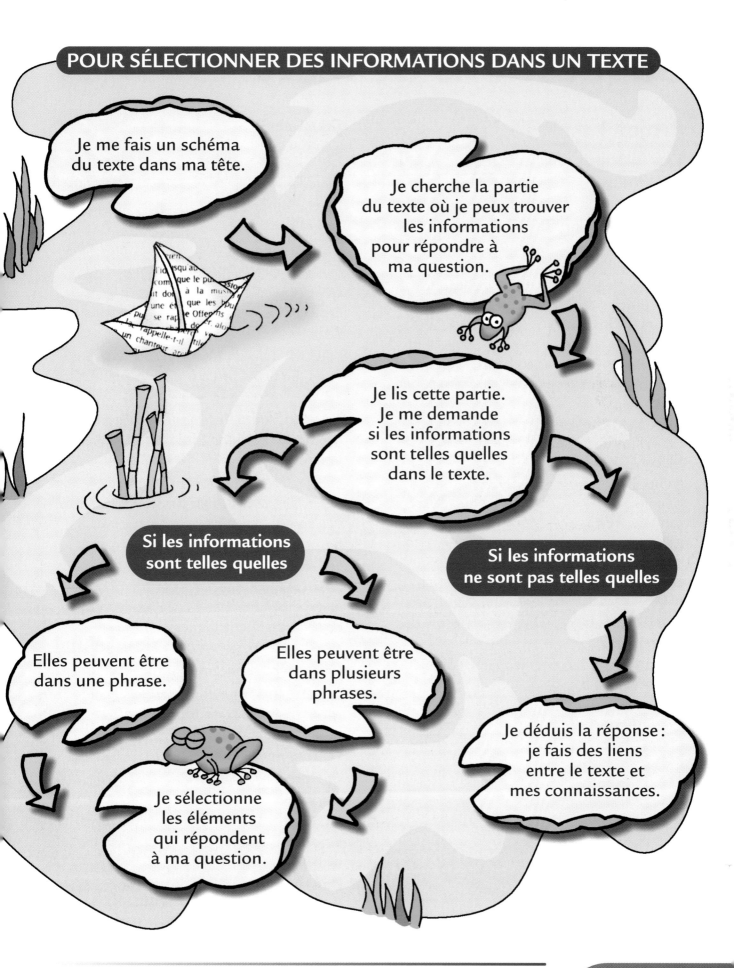

POUR SÉLECTIONNER DES INFORMATIONS DANS UN TEXTE

Suggestions de lectures

Projet 1

Des histoires sur les êtres imaginaires

DAHL, Roald. *Les minuscules,* Paris, Éditions Gallimard, collection Folio cadet, 1998.

DUCHESNE, Christiane. *Le bonnet bleu,* Montréal, Éditions Hurtubise HMH, collection Plus, 1998.

HEIDAR, Jean. *Lucien et les ogres,* Montréal, Les Éditions du Boréal, collection Boréal junior, 1998.

MAHY, Margaret. *La baignoire du géant ; les larmes du griffon : deux histoires,* Paris, Éditions Gallimard, collection Folio cadet, 1998.

MEROLA, Caroline. *Le petit géant,* Montréal, Les Éditions du Boréal, collection Boréal Maboul, 1997.

NORTON, Mary. *Les chapardeurs,* Paris, L'école des loisirs, collection Nouvelles et romans, 1983.

De la même auteure, dans la même collection : *Les chapardeurs aux champs ; Les chapardeurs en ballon ; Les chapardeurs sauvés ; Un chapardeur a disparu.*

PONTI, Claude. *Zénobie,* Paris, L'école des loisirs, 1997.

Du même auteur, chez le même éditeur : *Ma vallée* (1998).

THOMPSON, Colin. *Ruby,* Paris, Éditions Circonflexe, 1997.

Projet 2

Des livres sur les pays et les peuples

DARIAN-SMITH, Kate. *J'explore l'Australie,* Paris, Éditions Bayard, collection J'explore, 1997.

Dans la même collection : *J'explore l'Afrique ; J'explore l'Amérique latine ; J'explore le Japon ; J'explore l'Inde.*

Des Français comme moi, Paris, Éditions Gallimard, 1997.

FÖLLMI, Olivier. *L'école au bout du fleuve,* Paris, Éditions de La Martinière jeunesse, 1998.

GANERI, Anita. *Inde, je ne t'oublie pas,* Montréal, Éditions École active, collection J'ai quitté mon pays, 1995.

Dans la même collection : *Bosnie, je ne t'oublie pas ; Chine, je ne t'oublie pas ; Kurdistan, je ne t'oublie pas ; Palestine, je ne t'oublie pas ; Roumanie, je ne t'oublie pas ; Somalie, je ne t'oublie pas ; Vietnam, je ne t'oublie pas.*

HAUGAARD, Kay. *La petite fille au kimono rouge,* Paris, Hachette Livre, collection Le Livre de Poche Jeunesse, 1992.

Méga France, Paris, Éditions Nathan, collection L'Encyclopédie vivante Nathan, 1998.

NICOLOTTI, Muriel. *Kuntaï, enfant masaï,* Mouans-Sartoux, Éditions PEMF, collection Enfants du monde, 2000.

Dans la même collection : *Madhi, enfant égyptien ; Tina, enfant d'Indonésie ; Trang, enfant vietnamien.*

NOBLET, Martine. *L'Amazonie,* Tournai, Éditions Casterman, collection Les carnets de route de Tintin, 1999.

Dans la même collection : *L'Écosse ; L'Égypte et le Moyen-Orient ; L'Inde ; La Chine ; Le Pérou et les pays andins ; Le Tibet ; Les États-Unis.*

Projet 3

Des livres sur la nature et les saisons

ANNO, Mitsumasa. *La terre est un cadran solaire,* Paris, L'école des loisirs, 1987.

FACKLAM, Margery. *Les animaux qui hibernent,* Paris, Éditions Père Castor Flammarion, collection Castor doc ; Junior, 1996.

GUILLET, Jean-Pierre. *Opération papillon,* Saint-Laurent, Éditions Pierre Tisseyre, collection Sésame, 1999.

MONTPETIT, Isabelle. *J'observe la nature en automne,* Saint-Lambert, Éditions Héritage, collection Les quatre saisons, 1997.

PARKER, Steve et Jane. *La migration,* Saint-Lambert, Éditions Héritage, collection Pas bêtes, ces animaux, 1994.

Dans la même collection : *L'hibernation.*

PROVENCHER, Jean. *C'était l'automne : la vie rurale traditionnelle dans la vallée du Saint-Laurent,* Montréal, Les Éditions du Boréal, collection Histoire populaire du Québec, 1984.

VERDET, Jean-Pierre. *Le ciel, le soleil et le jour,* Paris, Éditions Gallimard, collection Découverte benjamin, 1986.

Dans la même collection : *Le ciel, les étoiles et la nuit.*

Projet 4

Des livres sur les êtres imaginaires

BALLINGER, Erich. *ABC des monstres,* Paris, L'école des loisirs, collection Neuf, 1998.

BEAUMONT, Émilie. *L'imagerie du fantastique,* Paris, Éditions Fleurus, 1999.

De la même auteure : *L'imagerie des sorcières et des fées.*

BRAMI, Elisabeth. *Le dico des sorcières,* Paris, Hachette Livre, 1994.

CHAUSSE, Sylvie. *Les ogres : encyclopédie thématique de l'ogritude,* Paris, Éditions Albin Michel, 1993.

DEEM, James M. *Dossier fantômes,* Paris, Éditions Père Castor Flammarion, collection Castor poche ; Senior, 1994.

HAWKINS, Colin. *Les vampires,* Paris, Éditions Gallimard, collection Folio cadet rouge, 1996.

Aussi : *Les fantômes ; Les monstres ; Les sorcières.*

HUYGEN, Wil. *Les gnomes,* Paris, Éditions Albin Michel, 1994.

Du même auteur : *Le livre secret des gnomes.*

NADJA. *Le livre des créatures,* Paris, L'école des loisirs, collection Album École des loisirs, 1997.

Projet 5

Des poèmes sur les saisons

HION, Monique. *Comptines pour les fêtes et les saisons,* Arles, Éditions Actes Sud junior, collection Les petits bonheurs, 1997.

MALINEAU, Jean-Hugues. *Petits haïkus des saisons,* Paris, L'école des loisirs, 1996.

Aussi : *Printemps d'artistes* de Pierre CORAN (1995).

PINGUILLY, Yves. *Raconte-mois,* Paris, Hachette Livre, collection Cadou album, 1990.

Poésie au fil des saisons, Paris, Éditions Gautier-Languereau, 1993.

PRÉVERT, Jacques. *Chanson pour les enfants l'hiver,* Paris, Éditions Gallimard, collection Folio benjamin, 1992.

Ronde des saisons, Paris, Éditions Gautier-Languereau, collection Grands livres pour grands poètes, 1998.

Projet 6

Des livres sur les fêtes

ANCORI, Isabelle. *Les enfants aiment faire la fête,* Ingersheim, Éditions S.A.E.P., collection Les enfants aiment, 1999.

BERTRAND, Isabelle. *Super, c'est mon anniversaire ! : 100 jeux et astuces déconseillés aux trouble-fête,* Paris, Éditions Nathan, collection Prêts, jeux, partez !, 1999.

DUBUC, Suzanne et Henriette MAJOR. *De fête en fête,* Saint-Lambert, Éditions Héritage, collection Je bricole, 1990.

Fêtes et confettis, Paris, Éditions Mango : Ateliers magazine, collection Mes petits ateliers, 1998.

Aussi : *Un anniversaire réussi* (1999).

KINDERSLEY, Anabel. *Nos fêtes préférées,* Paris, Éditions Gallimard : Unicef, collection Des enfants comme moi, 1998.

LECARME, Pierre. *Faites la fête : goûter d'anniversaire, fête de famille, Halloween, Noël, pique-nique, karaoké,* Tournai, Éditions Casterman, collection Le grand livre des jeux et des fêtes, 1999.

ROBSON, Denny. *Une fête réussie,* Saint-Lambert, Éditions Héritage, collection Jours de pluie, 1993.

WILKES, Angela. *Les petits copains font la fête,* Paris, Éditions Larousse, collection Mon album d'activités Larousse, 1991.

Projet 7

Des livres sur des personnes remarquables

DIONETTI, Michelle. *Vincent,* Tournai, Éditions Casterman, collection Les albums Duculot, 1997.

JOSLIN, Mary. *François d'Assise,* Paris, Éditions Médiaspaul, 1998.

KUPERMAN, Nathalie. *La comtesse de Ségur,* Paris, Éditions Fleurus, 1995.

Aussi : *Jane au pays des singes* d'Isabelle BOURDIAL (1994).

POOLE, Josephine. *Jeanne d'Arc,* Tournai, Éditions Casterman, collection Les albums Duculot, 1999.

RUFFIEUX, Jean-Marie. *Une journée du Roi-Soleil,* Paris, L'école des loisirs, collection Archimède, 1996.

SANGBERG, Monica. *Le rêve de Federico : un souvenir d'enfance de Fellini,* Paris, Éditions Alternatives, 1994.

VISCONTI, Guido. *Léonard de Vinci,* Mont-près-Chambord, Éditions Bilboquet, 2000.

WALCKER, Yann. *Wolfgang Amadeus Mozart,* Paris, Éditions Gallimard : Erato, collection Découverte des musiciens, 1998. Avec disque compact.

Aussi : *Jean-Sébastien Bach ; Ludwig van Beethoven ; Hector Berlioz ; Frédéric Chopin ; Franz Schubert ; Antonio Vivaldi.*

Liste des stratégies

Lecture

Pour comprendre des textes longs, **10, 242**

Pour sélectionner des informations dans un texte, **24, 243**

Pour comprendre des mots nouveaux dans un texte, **40, 242**

Pour trouver des informations qui ne sont pas telles quelles dans un texte, **107, 243**

Écriture

Pour trouver le sujet, **31**

Pour apprendre l'orthographe d'un mot, **33**

Pour accorder le verbe quand le sujet est long, **49**

Liste des notions abordées dans le volet Écriture

Syntaxe

Vérifier si une phrase est bien structurée, **15**

Reconnaître les types de phrases et les ponctuer correctement, **28-29**

Éviter les répétitions, **45-47**

Améliorer les phrases d'un texte, **45-47**, **58-59**, **88**

Construire les phrases négatives, **87-88**

Formuler des questions, **114**

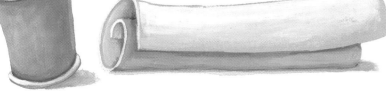

Vocabulaire

Orthographe grammaticale

Orthographe d'usage

Index des notions grammaticales*

---

* Les chiffres en caractères gras renvoient aux pages où on trouvera une explication des notions.

Sources des photographies et des illustrations

Photographies

ACDI
Nancy Durell McKenna : p. 148 (bas)
Roger Lemoyne : p. 148 (haut), 150 (bas), 153 (bas), 154
Pierre Saint-Jacques : p. 138
Archives nationales du Canada
p. 157 (gauche)
Joseph Michaud, Service de Ciné-photographie de la province de Québec / PA-038779 : p. 164 (gauche)
John Woodruff / C-021327 : p. 37 (bas, gauche), 157 (droite)
Archives nationales du Québec
p. 36 (bas, gauche)
Fonds Jean-Charles Magnan, P456N-78-11-2 : p. 165 (haut)
Associated Press AP
p. 234
Canapress
p. 140 (bas), 147 (droite)
Collection Fernande M.-A. Bolduc
p. 223 (gauche)
Musée de la Gaspésie : p. 223 (droite), 224
Émilie Couture
p. 22-23, 25, 31
Énergie et Ressources
p. 38
Brock Fenton
p. 168 (droite)
Insectarium de Montréal
p. 36 (haut, gauche), 158 (bas, gauche), 159 (bas, droite)
Médiathèque du Jardin botanique de Montréal
p. 36 (haut, droite), 40 (médaillon, gauche), 40 (bas, gauche), 162 (bas), 163
Réjean Martel : p. 162 (haut)
NASA
p. 235-237
Ponopresse
p. 105, 225 (bas), 226-228, 229 (haut), 230 (bas), 231 (gauche), 231 (haut, droite), 232-233
Publiphoto
p. 52 (centre), 104, 106, 158 (bas, droite), 170 (gauche), 222 (haut), 225 (haut), 229 (bas), 238 (haut), 240 (haut)
A. Allstock : p. 139
J. Bernier : p. 149 (bas)
Errath / Explorer : p. 146
Explorer : p. 151 (gauche)
François Gilson / BIOS : p. 45
Sylvain Grandadam : p. 140 (haut), 142 (gauche), 143
HUG / Explorer : p. 147 (gauche)
C. Dani-I. Jeske : p. 151 (droite)
Bruno van Loocke / DPPI : p. 152 (gauche)

Guy Marsolais : p. 161 (gauche)
J.-P. Nacivet / Explorer : p. 141, 144 (droite)
Munoz de Pablos / Explorer : p. 145 (gauche)
L. Resmann / Explorer : p. 142 (droite)
M. Rousseau : p. 158 (haut, droite)
J. P. Saussez / Jacana : p. 37 (haut, gauche), 47, 167 (droite)
Jean-Claude Teyssier : p. 46, 161 (droite), 167 (gauche)
Trouillet : p. 169 (bas)
Varin-Visage / Jacana : p. 37 (haut, droite), 159 (gauche), 159 (haut, droite)
R. Volot / Jacana : p. 168 (gauche)
Réflexion Photothèque
Tibor Bognar : p. 24 (gauche)
Michel Gagné : p. 40 (médaillon, droite), 41
Claude Martineau : p. 42
Sheila Naiman : p. 166 (gauche)
V. Phillips : p. 149 (haut)
S.D.P. : p. 145 (droite)
B. Terry : p. 160
Yves Tessier : p. 169 (haut)
Sepaq
Pierre Bernier : p. 36-37 (haut, centre), 52 (gauche), 170 (droite)
Stone
p. 36 (bas, droite), 150 (haut), 152 (droite), 166 (droite)
Daniel J. Cox : p. 210
Hans-Rudolf Uthoff : p. 238 (bas), 240 (bas)
United Nations Photo Library
p. 153 (haut)

Illustrations

Steve Adams : p. 35, 43-44, 47-48, 50-51, 155
Christine Battuz : p. IV, 1-18, 121-123, 129-132, 172, 176, 179, 244
Isabelle Charbonneau : p. 53-64, 83-100, 126-128, 135-136, 171, 174-175, 178, 180-181, 186 (haut), 189 (haut), 191, 193 (haut), 196, 199, 201, 205-208, 214, 218-219 (centre), 242-243, 245, 246 (bas)
Jacqueline Côté : p. 160-161, 166-167, 217-220
Anne-Marie Charest : p. 101-103, 107-113, 115-116, 186 (bas), 189 (bas), 192 (haut), 193 (bas, gauche), 197 (haut), 200, 216, 221, 246 (haut), 247
Marie Lafrance : p. 19-21, 26-30, 32-34, 124-125, 133-134, 173, 177, 182, 248
Hélène Meunier : p. 164
Ninon Pelletier : p. 156
Paule Thibault : p. 65, 67-73, 75-76, 78-82, 183, 185, 187, 190, 192 (bas), 195, 197 (bas), 198, 202-204, 211-213